A WORD IS ENOUGH

关键时刻
一句话就够了

三观篇

文若河 著

北京联合出版公司
Beijing United Publishing Co.,Ltd.

图书在版编目（CIP）数据

关键时刻，一句话就够了：三观篇 / 文若河著 . --北京 : 北京联合出版公司，2020.5
ISBN 978-7-5596-4070-3

Ⅰ . ①关… Ⅱ . ①文… Ⅲ . ①言语交往－通俗读物 Ⅳ . ① H019-49

中国版本图书馆 CIP 数据核字（2020）第 037605 号

关键时刻，一句话就够了：三观篇

作　　者：文若河
图书策划：玉兔文化
责任编辑：昝亚会　夏应鹏
特约编辑：李光远
特约统筹：高继书
装帧设计：仙境设计

北京联合出版公司出版
（北京市西城区德外大街 83 号楼 9 层 100088）
北京联合天畅文化传播公司发行
北京美图印务有限公司印刷　新华书店经销
字数 199 千字　880 毫米 ×1230 毫米　1/32　10 印张
2020 年 5 月第 1 版 2020 年 5 月第 1 次印刷
ISBN 978-7-5596-4070-3
定价：39.80 元

版权所有，侵权必究。
未经许可，不得以任何方式复制或抄袭本书部分或全部内容
本书若有质量问题，请与本公司图书销售中心联系调换。电话：（010）64258472-800

自序

今年夏天，我把近几年写的"每日一句"进行了整理。翻看着这些浸染着时光味道的文字，不由自主地想起《城南旧事》中的一句话："老师教给我，要学骆驼，沉得住气。看它从不着急，慢慢地走，总会到的……"我想，我或许就是那"骆驼"吧，慢慢地"走"，一天几百字地写，经年累月，居然积攒了这么多。

抬眼望向窗外，夏日的阳光亮晃晃一片，带给人半清晰半朦胧的感觉。在这如梦似幻的光影中，我仿佛又听到了自己在课堂上重复了无数遍的那句话："'粗缯大布裹生涯，腹有诗书气自华。'要提高演讲水平，一定要注意积累好句子，丰富我们的讲话素材。哪怕一天只记一句话，每天进步一点点，日积月累就不是一点点。"

作为"张嘴就来"演讲力训练机构创始人，十多年来，我一直带领着我的团队致力于为企业总裁、职场人士以及青少年提供最科学、最实用、最有价值、能够解决演讲根本性问题的演讲力训练课程与指导。而搜集适合在演讲和沟通中引用的好句子、好故事等，并推荐给大家，敦促大家学习记忆，帮助大家丰富讲话素材,就是其中重要的一环。

2010年,我的《我最想要的口才指导——提升口才必读的"五个一百"》问世。在这本被大家称为《五个一百》的书中,我遴选了一百句名言、一百句诗词、一百句流行语、一百个笑话、一百个哲理故事,从演讲和沟通的角度进行了解读,并给出了运用指导。

《五个一百》深受大家喜爱。很多读者朋友把它放在床头,睡前必读;还有不少朋友把它放在行李箱中,走到哪儿,带到哪儿,读到哪儿。当然,更让我感到欣慰的是,收到诸如"文老师,我今天演讲引用了《五个一百》中的句子,效果超好"之类的信息,那一刻,我的职业成就感和荣誉感真的爆棚了。

不过,我也知道,《五个一百》的容量毕竟有限,于是,我不知天高地厚地承诺了一件事:每天为学演讲的朋友们推荐一句话,按照《五个一百》的体例写出句子解读和运用指导。

当时我想,一天写几百字,对我来说不算难事。可是,我忽略了在写作之前要花大量时间去收集、遴选句子的事实。加上每月三次雷打不动的北京大学、复旦大学、浙江大学的演讲力训练课程,以及众多高校总裁班、EMBA班的演讲力授课,企业内训,企业家私人演讲顾问等工作,日久天长做下来,我渐渐感觉到,每天几百字远没有我想象得那么轻松。

常常是忙完一天的工作已经是深夜了,筋疲力尽之际也曾想:"不然今天就不写了吧,差一天也不是什么大不了的事。"好几次,也确实在半睡眠状态下躺到床上,但不知为什么就是睡不安稳，直到爬起来把当天的句子选完、写好，才能踏踏实实地睡觉。

习惯真的是一件很可怕的事情。这些年来，每天选句子、写点评对我来说，已经成了一种深深融入血液的习惯。当然，我更清楚，和我一样习惯这件事的还有"张嘴就来"的学员们，以及成千上万渴望提升演讲力的朋友。在这里，衷心地对大家说一声"谢谢"。大家在演讲力提升的道路上持之以恒的精神形成了强大的动力，激励着我日复一日、年复一年地写下去。

夏去秋来，我从近四年写成的句子中挑出900句，就是大家将要看到的这套《关键时刻，一句话就够了》。秋天的风，吹落了红的、黄的、半黄半红的树叶，踩上去，一片窸窸窣窣之声，这声音分明是在说：

"这是一本书，也是一个承诺，更是一个由所有行走在演讲力提升路上的朋友共同写成的关于坚持的故事。"

文若河
2019年深秋于北京

目录

人生观　　<<< 001
世界观　　<<< 129
价值观　　<<< 211
作者简介　<<< 311

○ 人生观

> 旅途中你一定要小心谨慎,比你强的人都曾迷失方向。
>
> —— 电影《奇异博士》

这句话看似是对旅行者的嘱咐,实际上我们都清楚,在这些文字的背后有着更深刻的含义。所谓旅途,我们可以把它宏观地理解为一种生命的历程,也可以把它微观地理解为做一件事的过程;所谓迷失方向,当然不是指方位上的错乱,而是指精神上的游移或行动上的错误。

我们都知道一句非常励志的话:"世界上最可怕的事情就是比你优秀的人比你还努力。"这句话和这句台词可以说是异曲同工,只不过阐述问题的角度不一样罢了。

比你优秀的人比你还努力,所以,你绝对不可以不努力,如果你不努力,你就会被人家远远地抛在后面;同样,比你强的人都会迷失方向,你又有什么资格不如履薄冰、小心翼翼呢?

两句话,不同的角度,不一样的表述,一样的含义,一样的震撼。在日常口语交际中,我们可以根据语境,选择使用一句加以引用,使我们的表达更具思想性,同时也更有力量。

君无见其所欲。

—— 韩非子

这是战国末期著名思想家、法家代表人物韩非子的名言,大意是:君主不应该表露自己的喜好。

这是为什么呢?"楚王好细腰,宫中多饿死"。不管是昔日的一国之君,还是现在的团队领导者,因其手中有生杀予夺的大权,所以,他们周围必有一些趋炎附势、曲意逢迎之辈。如果下级对上级的喜好"门儿清",他们就会投其所好,讨上级欢心,并借此为自己谋得私利。古往今来的亡国之君,哪一个身边不是围拢了一批这样的奸佞小人呢?哪一个不是在熏熏然中走上不归路呢?

每个人都有自己的喜好,这无可厚非,但这是"私"的范畴,身为领导,不能把"私"范畴的喜好,带到"公"的领域,任何引"私"入"公"、公私混淆的人,最终都没有好结果。

> 生如夏花之绚烂，死如秋叶之静美。
>
> ——［印］泰戈尔《飞鸟集》

"生如夏花之绚烂"让我想起电视剧《甄嬛传》中华妃娘娘的一句话："做衣如做人，一定要花团锦簇、轰轰烈烈才好。"不论是明艳绚烂的夏日之花，还是光彩夺目的美人服饰，都是一份轰轰烈烈的存在。人生也需要轰轰烈烈。

但我所理解的轰轰烈烈，未必是出人头地、风光无限。就像夏日之花，未必都是名贵品种，哪怕是路边不知名的野花，怒放在艳阳下，一样美得浓烈、美得炫目。绽放过，美丽过，不负光阴，不负此生，这就是人生的轰轰烈烈。

如果说生命的过程是浓烈之美，那么生命的尽头就是恬淡之美。经历过了，无憾；绽放过了，无悔。在生命的尽头，把舒展、从容的姿态呈现给世界，美得安静、美得达观。

这句诗既浪漫又饱含哲理。当论及人生时，我们可以引用这句诗，使讲话更具文采。

善欲人见,不是真善;恶恐人知,便是大恶。

——《朱子家训》

这句话出自《朱子家训》,大意是:做了好事迫不及待地希望别人知道,这不是真善;做了坏事唯恐别人知道,这是大恶。欲:希望;恐:害怕。

行善做好事,不应有任何世俗的因素掺杂其中,如果借行善沽名钓誉,干点好事恨不得嚷嚷得满世界都知道,这种吵嚷出来的善,怎么可能是真善呢?同样的道理,做错了事甚至做了坏事,应该坦诚面对,承担该承担的一切后果,如果想方设法掩盖自己的恶行,不让别人知道,那就是错上加错了。

在演讲和沟通中,我们可以引用这句话来表达为善不应张扬、为恶不应掩饰之意。另外,还有一句流行语——"干点好事总想让鬼神知道,干点坏事总以为鬼神不知道,我们太难为鬼神了",与这句话异曲同工,可以视语境灵活使用。

退步原来是向前。

——布袋和尚《插秧偈》

    此句为布袋和尚著名禅诗《插秧偈》中的点睛之笔。布袋和尚生活于五代时期的后梁,因常年身背布袋,人称布袋和尚。布袋和尚是弥勒佛祖的化身。《插秧偈》全诗为:"手执青秧插满田,低头便见水中天。心地清净方为道,退步原来是向前。"插秧的时候,必须后退着插,否则就会踩坏秧苗,此时的后退,是为了把事情做好,因此,退就是进,退步就是向前,"退步原来是向前"是人生的大智慧。在演讲和沟通中引用此句,可以增强我们语言的深刻性和哲理性。

听过许多道理，却依然过不好这一生。

——电影《后会无期》

  这句话很直白，也很朴素，读起来却意蕴悠长。这句话之所以让人怦然心动，是因为它击中了很多人的痛处。在很多时候，我们不是不知道"道理"，恰恰相反，我们懂得太多的道理，知易行难，道理都是对的，但是在现实中"臣妾做不到"。知道与做不到相纠结，嘴上的赞同与行动上的抵触并存，这是我们很多人的现实状态，所以，我们的人生之路才走得磕磕绊绊。

  尝试着让道理照进现实，不仅知道，更要做到。这应该是我们过好这一生的"秘诀"。

> 真正的自由,不是让你想做什么就做什么,而是你不想做什么,就可以不做什么。
>
> ——[德]康德

自由是人人向往的,正所谓"不自由,毋宁死"。何为自由?哲学家告诉我们从两方面来理解。

首先,一个人的自由不能建立在他人不自由的基础上,那不是真正的自由,那样的"自由"也是不可能长久的。比如古代的暴君,骑在百姓头上为所欲为,到头来谁又有好下场呢?

其次,真正的自由是不违背自己的意志,我不愿意奴颜婢膝,我就可以不向权贵低头;我们不愿意溜须拍马,我们就可以不去曲意逢迎。当一个人不被世俗所裹挟随波逐流的时候,他就获得了真正的自由。

这句话很有力度,在演讲中引用这句话,可以达到掷地有声的效果。

有两件事我最憎恶：没有信仰的博才多学和充满信仰的愚昧无知。

——［美］爱默生

博才多学本是优点，但是，如果这个优点和没有信仰捆绑在一起，很有可能就变味了。博才多学的人太过聪明，太过能干，如果缺少信仰的导引，他们的聪慧很有可能就会成为为恶的工具。看看我们周围，奸商没有傻子，坑蒙拐骗是需要智商的；贪官没有弱智，溜须拍马是需要机灵的。

同样的道理，有信仰、懂敬畏本来是好事。但是如果信仰是建立在愚昧无知的基础上，迷信、盲从，那么，这个信仰非但不是福音，相反还会把人们推进痛苦的深渊。

深刻理解这句话，是很有现实意义的。当谈及此类话题时，引用这句话来增强我们语言的力度吧。

与人善言，暖于布帛；伤人以言，深于矛戟。

——《荀子·荣辱》

赠人美好的言辞，比布帛还要温暖；出言伤人，比用长矛利戟刺人还要严重。

俗话说，良言一句三冬暖，恶语伤人六月寒。言语可以给人带来愉悦和温暖，也能给人带来深深的痛苦和仇恨。在与人交往的过程中，希望我们都能以"善言"与他人交流，而不要用嘲笑、讽刺、挖苦的话，在别人的心上刺下一道道伤口，要知道，这些伤口愈合起来是相当困难的。

让我们切记，与人善言才是真正的善良。

> 未长夜痛哭者,不足以语人生!
>
> ——［英］托克斯·卡莱尔

谈论人生还需要"资格证"吗?从某种意义上讲,是这样的。我们都熟悉这样一首词:"少年不识愁滋味,爱上层楼,爱上层楼,为赋新词强说愁。而今识尽愁滋味,欲说还休,欲说还休,却道天凉好个秋。"少年的愁,是强说的愁,用现在的话讲,就是矫情。没有刻骨铭心的经历,没有锥心刺骨的疼痛,没有经过失败、失去、失意、欺骗、背叛……的折磨,没有在一个个痛不欲生的长夜悲鸣的人,对人生的感悟是不全面、不深刻的。换言之,只有经历并挺过了人生的磨难,对人生的理解才能有一个全新的高度,也才有资格谈人生。

愿我们的人生都能在痛苦和痛哭的淬炼中获得升华。

谁道人生无再少？门前流水尚能西！

——苏轼《浣溪沙·游蕲水清泉寺》

此句出自苏轼的《浣溪沙·游蕲水清泉寺》。苏轼在游蕲水清泉寺时，见山寺前的溪水并非东流，而是向西流去，于是写下了：谁道人生无再少？门前流水尚能西！休将白发唱黄鸡。意思是：谁说人生就不能再回到少年时期？门前的溪水还能向西边流淌！不要在老年感叹时光的飞逝啊！黄鸡报晓，比喻时光流逝。

当大家感慨青春不再的时候，我们可以引用苏轼的这句话，既可以很好地调节气氛，又可以从与众不同的角度引发大家的思考，同时，彰显我们的底蕴与内涵。

> 世界上其实根本没有感同身受这回事，针不刺到别人身上，他们就不知道有多痛。
>
> ——独木舟《深海里的星星》

"感同身受"是我们经常使用的一个词，但是，在很多情况下，我们嘴里的"感同身受"更类似于敷衍。当我们说出"感同身受"的时候，我们减轻的只是自己内心的负担，并不能给他人带来实质性的帮助和慰藉，就像独木舟所言，针没有刺在你身上，你又怎么会有刻骨铭心的痛呢？

这句话让我想起以前看过的一篇文章，在文章中作者写道，他对于痛失亲人的朋友，没有说过一句安慰的话，只是默默地陪在他身边。是啊，或许，默默地陪伴才是最好的安慰，它真的好过一句不咸不淡的"感同身受"。

> 一个人的性格决定他的际遇。如果你喜欢保持你的性格,那么,你就无权拒绝你的际遇。
>
> ——[法]罗曼·罗兰

我们经常说:"性格决定命运。"但是,很少有人去思考"性格决定命运"之后的事情。罗曼·罗兰的这句话有两层意思:如果你坚守你的性格,那就接受这种性格给你带来的一切;如果你对自己的际遇不满,那就改变自己的性格。

当然,任何事情都不是绝对的,把一个人的际遇完全归为性格因素也有以偏概全之嫌,但是,性格因素对一个人的影响绝对不容小觑。如果你有"我就是这样任性"的霸气,就要有承担所有任性结果的豪气。一边标榜甚至享受自己的任性,一边对任性带来的结果不情不愿,这样的人格撕裂是不成熟的表现。

> 身后有余忘缩手,眼前无路想回头。
>
> ——《红楼梦》

《红楼梦》第二回写到,贾雨村郊游时,在一个破庙看到"身后有余忘缩手,眼前无路想回头"的对联,感叹"文虽浅近,其意则深"。

这副对联讽刺的是人的贪欲。"身后有余",说明已经拥有很多很多了,但是那双伸出去的贪婪之手还是不肯收回来。就比如那些落马的贪官,聚敛的财富几辈子都花不完,依然不肯收手,贪欲已经把他们变成了魔鬼。当一个人被这种疯狂的贪欲控制的时候,实际上已经走上了一条不归路,等待他们的只能是悬崖尽头,万丈深渊。当"眼前无路想回头"时,已经回不去了,疯狂的贪欲终将令他们灰飞烟灭。

贪婪是人的本性,控制贪欲,战胜贪婪,是人生旅途上重要的修行,这副对联就是对我们最好的警醒。

> 强壮乃少年人的荣耀，白发为老年人的尊荣。
>
> ——《圣经·箴言》

如果说体格健硕、蓬勃向上是年轻人的标签，那么阅尽世事、智慧恬淡则是老年人的写照。年轻人的强壮筋骨是生命力的律动，老年人的满头白发是时光的驻足，一样耀目，一样美好。

每个年龄段都有那个年龄段固有的特质，网上有一句很霸气的话："我年轻过，你老过吗？"确实，我们不能让一个老年人去和年轻人比容貌光鲜、活力四射，就如同不能让一个年轻人去和老年人比阅尽世事、渡尽劫波一样。在人生的哪个阶段，就活出那个阶段该有的味道，这才是最重要的。

当我们身边有人感叹韶华不再、鬓添华发的时候，这句话能使心情开朗起来。另外，我们也可以在演讲或沟通中引用这句话，呼吁人们传承尊老敬老的美德。

没有自制力者，不足以语人生。

——佚名

大家一看就知道，这句话是在套用"未长夜痛哭者，不足以语人生"。套用既可以使我们的语言生动幽默，又可以丰富我们的表达。套用本身并不难，谁都能套个一两句。但是，要套用得恰到好处，并不容易。

"没有自制力者，不足以语人生"就改得比较精彩。因为承受困难的抗击打能力和拒绝诱惑的克制力对一个人的成长都是极为重要的。在现实生活中，有很多人，包括我们自己，不是没有追求，不是不想把事情做好，而是抵挡不住诱惑：吃完这顿再减肥，看完这集再学习，浏览下新闻再工作……但是，我们吃了一顿又一顿，看了一集又一集，网页一刷就是大半天……

"没有自制力者，不足以语人生"，我们需要这样的当头棒喝来警醒我们。

> 每一个不曾起舞的日子,都是对生命的辜负。
>
> ——[德]尼采

说这话的是尼采,他是德国著名哲学家、西方现代哲学的开创者,同时也是卓越的诗人和散文家。怪不得这句话给人的感觉不是理性的、冰冷的,而是感性的、浪漫的。

不曾起舞,是心不曾起舞,是梦想不曾起舞,是人生不曾起舞。尼采用不曾起舞来指虚度光阴,庸碌无为,告诉我们活一日,就当有一日的精彩,就像舞者陶然起舞,在人生的舞台上呈现最优雅的姿态,这样才不致辜负美好的生命。

人生不过如此,且行且珍惜。自己永远是自己的主角,不要总在别人的戏剧里充当配角。

> 卑鄙是卑鄙者的通行证,高尚是高尚者的墓志铭。
>
> ——北岛

卑鄙的人可以凭借"卑鄙"畅行无阻,卑鄙就是他们的通行证;高尚的人却因他们的"高尚"而四处碰壁,处处受排挤。在"卑鄙"与"高尚"、"通行证"与"墓志铭"的对比中,我读出了讽刺,也读出了气节。

宁可因高尚而碰得头破血流、粉身碎骨,将高尚刻在墓志铭上,也不用卑鄙去换"要风得风,要雨得雨"的生活,人,该有这样的气节。

在口语交际中,我们可以引用这句话来讽刺黑白颠倒、是非不分的现象,也可以用以表明自己的心迹。

> 每个人都睁着眼睛，但不等于每个人都在看世界，许多人几乎不用自己的眼睛看，他们只听别人说，他们看到的世界永远是别人说的样子。
>
> —— 周国平

　　行走于天地之间，我们眼中的世界是自己感知的，还是别人定义的？我们是习惯于独立观察思考，还是习惯于被动接受？要知道，当我们启动了别人告诉我们什么，我们就接受什么的模式时，五彩斑斓的大千世界已经与我们无缘了。

　　是甜是苦，尝了才知道；是喜是悲，经历了才知道；是冷是热，体会了才知道。不是茫然地睁着眼，而是真正地睁开眼去看、去感受、去发现，我们的世界才有色彩、有温度、有味道。

　　自己的人生，不能交付给他人；自己的"视觉"，同样不能交付给他人。记住这句话吧，赠人自省两相宜。

> 最长的莫过于时间,因为它永远无穷尽;最短的也莫过于时间,因为我们所有的计划都来不及完成。
>
> ——[法]伏尔泰

这是法国启蒙思想家、文学家伏尔泰的名言。这句话给我们指出了时间的两个维度。从宇宙的维度讲,时间的长河奔腾不息,没有尽头;从个体的维度看,时间又是有限而短暂的,即使再长寿的人,人生之旅也不过匆匆百年。上天分配给我们的时间这样短,以至于我们的很多计划都来不及完成,怎么办?唯有珍惜时间,在有限的时间内做更多的事情,以"厚度"去换"长度"。

"最长的莫过于时间""最短的也莫过于时间",这浪漫而又富有哲理的语言,值得我们认真品味。

宁在直中取，不向曲中求。

——《封神演义》

说这话的，相传是辅佐周文王和周武王成就功业的鼎鼎大名的姜子牙，全句为："宁在直中取，不向曲中求；不为锦鳞设，只钓王与侯。"

当年，须发皆白的姜子牙在渭水河边用直钩钓鱼，周围的人笑弯了腰，直钩怎么可能把鱼钓上来呢？姜子牙说：我名义上在这里钓鱼，但，我的目标不是鱼，我要钓的是"王与侯"。这就是我们耳熟能详的姜太公钓鱼——愿者上钩的故事。

如今，我们对这句话有了更深刻的领悟和解读，那就是：做人、做事都要堂堂正正，光明磊落，不搞邪的歪的，不进行私下的阴谋与交易。我们可以引用这句话来表达自己刚正不阿、坦荡清白的情怀。

> 不是人人都能活得低调，可以低调的基础是随时都能高调。
>
> ——佚名

这句话告诉我们，低调和平庸绝对不是一回事，不是所有的默默无闻都可以冠以"低调"一词。

什么是低调？武功盖世的高僧身怀绝技却深藏不露，这是低调；学养深厚的大师满腹经纶却谦逊礼让，这是低调；家财万贯的大亨富甲一方却节俭仁厚，这是低调。低调，就是有足够的实力可以高调示人，却收敛锋芒，淡然如水。低调，不是不能高调，而是不愿高调。高调是实力，低调是品格。如果一个人庸庸碌碌、得过且过、一无所长、毫无建树，却整天标榜自己很低调，这不是低调，而是一种"高调"，一种自卑的"高调"。

人生是一场修行，使自己越来越具备高调的实力，并养成谦虚低调的品格，这是人生修行的重要内容之一。

> 每个人都会死，但不是每个人都活过。
>
> ——佚名

最近在网上看到了一个非常震撼，也非常感人的励志短片——"每个人都会死，但不是每个人都活过"。

短片一开始就告诉我们："大部分人恐惧的不是死亡，而是走到生命尽头时，蓦然回首才发现，你从未真正活过！"，"活过"和"真正活过"，表面上就是一词之差，实际上有天壤之别。

按部就班地上学、就业、买房、成家、抚养子女……走在标准的生活轨道上，这只是生命个体物质上的"活过"。而"真正活过"是敢于追随自己的内心，充满激情地去追逐梦想，做更多的事情，经历更多彩的人生。当生命最后时刻来临的时候没有遗憾，这才是真正走过一段色彩斑斓的人生之路。

这个道理，相信绝大多数人都懂。但是，我们看到这句话的时候，依然很震撼，这就是表达的魅力，也是我们分享这句话的原因。

> 上帝要其灭亡，必先使其疯狂。
>
> ——［古希腊］希罗多德

上帝如果想惩治一个人，必先让他忘乎所以。狂妄骄纵是灭亡的前兆。我们都熟悉的"郑伯克段于鄢"的故事，说的也正是这样一个道理。

故事发生在春秋时期。郑庄公是郑国国君，他有个弟弟叫共叔段。郑庄公的母亲偏疼共叔段，不喜欢郑庄公，肆无忌惮地为小儿子争城池，争财富，争利益。郑庄公对这娘儿俩予取予求，要什么都给，提什么条件都答应。这娘儿俩认为郑庄公软弱可欺，于是就密谋发动叛乱，欲取而代之。结果，郑庄公以迅雷不及掩耳之势平定了叛乱。疯狂，让这对母子付出了惨重的代价。

所以，有人说，对待敌人，根本不用正面打击，就顺着他，让他晕，让他疯，让他自我膨胀，最后，自取灭亡。我们姑且不论这种说法的是与非，从自省的角度讲，我们最需要做的是时时提醒自己不要在他人一味地恭维和顺从中迷失了自我，不要走上由疯狂至灭亡的道路。

用舍由时，行藏在我，袖手何妨闲处看。

————苏轼《沁园春·孤馆灯青》

这一句的大意是：能否用我们的才华，那要看时机，但施展不施展我们的本事在我们自己，现在先袖手旁观，又有何妨呢！

苏轼一生宦海浮沉，郁郁不得志，生活也较为清苦。在这种境况下，他依然保持着豪放不羁的文人情怀。"用舍由时，行藏在我，袖手何妨闲处看"，此句于超然物外的从容淡泊中透着一份傲然之态，其意境真的是只可意会不可言传。

这句词既可以抚慰心灵，又可以在逆境中给人以信心。

大自然塑造了我，然后把模子打碎了。

——［法］卢梭《忏悔录》

既然"我"的模子被打碎了，世界上就再也不会有第二个"我"了，"我"的一切都是这世界上唯一的。既然"我"是独一无二的存在，"我"就以"我"的存在为荣，"我"就要坚持"做自己"。

思想家的"模子"被打碎了，我们的呢？我们难道是流水线上的批量产品吗？"世界上没有两片完全相同的树叶"，更何况是万物之灵的人类呢？个性就是我们的共性。能不能坚持做自己？能不能坚持做最好的自己？这是我们所有人都必须要面对的人生命题。

在谈到独特、坚持自我、追求卓越等话题时，我们可以引用这句话，或将这句话稍加改动，灵活运用。比如，老总在介绍企业或产品时可以这样说："塑造我们的模子已经被打碎了，我们是不可复制的，无人能及。"

毕竟，明天又是另外一天了。

——［美］玛格丽特·米切尔《飘》

美国南北战争时期，家境优渥、容貌俏丽的斯嘉丽，在战争洪流的裹挟下，生活从云端坠入地面，爱情婚姻也几经波澜。她曾痴迷地爱着根本不了解的艾希礼，又对深爱她的丈夫巴特勒伤入骨髓。当她终于明白自己是多么愚蠢时，当她想把所有的爱都给丈夫时，她任性的伤害，已将巴特勒的心撕得粉碎，他即使想再爱她，也没有热情了。

爱了多年的艾希礼，她不爱了，想爱的巴特勒离她而去了，她应该是彻彻底底地失败了吧？但是，斯嘉丽是从来不会向失败低头的，她告诉自己，她明天要回塔拉庄园去，明天她就能承受这一切了，明天她就能想出办法把巴特勒弄回来了。全书以"毕竟，明天又是另外一天了"收笔，意蕴悠长。

在生活中，我们也会遇到各种各样的烦恼和问题，告诉自己："明天，我会想出办法！明天，又是另外的一天了！"

> 活着不难，活得自在难；死去容易，死得自甘难。
>
> ——林清玄

除了生死，世间万事都是小事。谈论生死，本就有一股沧桑的味道。也只有越过岁月的沧桑，对于生死，才能悟出几分味道。就像这句告诉我们的，活着不难，吃饱穿暖就可以了，但是要活得自在，不受外界的羁绊，这就太难了；死去很容易，但是，能够坦然地面对死亡，死而无憾，这又是何其艰难啊！

正因如此，才有了作者接下来的感慨——活人且作死人活。或许，真的要等到生命即将结束的那一刻，我们才能真正理解生，参透死。

当然，关于生死，从来就没有标准答案。对于这句话，每个人也有每个人的感触。希望我的感悟，能够被大家理解，也希望大家在口语交际中用得上这句话，而且能够引发我们对生与死更多的思考。

> 我们看到的世界，仅仅是我们可以看到的那个世界；而世界本来的样子，本来就存在于三个不同的层面——它本来的样子，我们能够感受到的样子，我们可以用语言去交流它的样子。
>
> ——［法］拉康

这段话听起来有点绕，我的理解是这样的：世界本来的样子只有一个，是什么样就是什么样，自然而然地存在着。但是，当人们去感受这个世界的时候，往往会发生这样那样的偏差，也就是说，我们感受到的世界是经过我们主观加工的世界。当我们再通过语言去表达我们感受的时候，语言中的世界又有可能再度发生游离，我们在现实中经常会遇到的"误会"，就是这种游离的典型代表之一。

对于世界，我们自然是越接近它的本真状态越好。我们学习表达，学习演讲和沟通，就是为了使我们有足够强的语言能力，去展现和交流我们的感受，而不是给世界涂抹上一道道无法辨识的印记，提高人与人之间相互了解以及人们认识世界的难度。

语言，不是简单的说话，语言就是世界。

常常是最后一把钥匙打开了门。

——谚语

最深刻的哲理往往蕴含在最朴素的话语之中。这句谚语至少让我想到两个词：一个是坚持，一个是希望。我们谁没有开锁的经历？谁没有试过一把又一把钥匙的经历？每一次尝试，每一次努力，都是我们剔除不可能，从而更接近可能的过程。只要一把一把地试下去，我们眼前的那扇门一定会向我们敞开，这就是坚持。或许，我们试了一把又一把，都不对，在近乎绝望想要放弃的时候，这句谚语提示我们，一把钥匙配一把锁，肯定有一把钥匙能打开这把锁，希望永远都在，成功可能迟来，但绝对不会缺席。

央视著名主持人董卿在发表获奖感言时，引用过这句话。我们要表达坚持、乐观等意思时，也可以引用这句谚语，以增强语言的感染力。

当然，或许有人会想，既然常常是最后一把钥匙打开门，我们为什么不一上来就试最后那一把呢？应该说，这种质疑的思维是值得鼓励的，但是，讲话是有特定语境的，这样的质疑似乎偏离了原有的语境。

日落胭脂红,无雨也有风。

—— 谚语

当太阳落山时,如果天空呈现出胭脂一样的红色,那么,第二天即使没有雨也必然有大风。这句谚语非常有画面感,尤其是"日落"和"胭脂红"的描述,让我们如同身临其境。

这句谚语是我们的先辈根据长期积累的生活经验,对天气变化规律的总结和精准呈现,展现了古人的生产生活智慧。当然,在气候变化日益复杂,特别是雾霾等气候现象袭扰我们生活的今天,这句谚语对天气预测的准确性或许在降低,但是,作为揭示事物因果关系和规律的判定句,这句话可以在我们的口语交际中推而广之。

比如,当我们做出某种判断的时候,而且非常坚信我们的判断的时候,我们可以说:"日落胭脂红,无雨也有风。情况已经这么清楚了,结果是不言而喻的,这还用得着讨论吗?"加入这句谚语,既可以增强我们语言的生动性,又可以提升语言的权威性和说服力。

福祸无门，唯人所召。

——《左传》

灾祸和福分是没有来路的（不是老天注定的），全是由人们自己招来的。无门：没有来路或没有定数；召：引来。

祸福兴衰，看似是上天决定的，其实不然，正所谓"种瓜得瓜，种豆得豆"，我们现在的境况，大多源于昨天的"故事"；我们现在的一言一行，也在为我们的明天埋下伏笔。

就拿人际交往来说吧，"我需要你的时候，你不是不在，而是不在意。所以你需要我的时候，我不是不能，而是不想理"。不就是这样吗？昨天你对别人关上了一扇门，今天，别人同样向你关闭了一扇门。虽然我们历来提倡以德报怨，但是，以德报怨只能作为一个人的自我修养，不能作为对他人的要求。你对别人冷漠，你就要随时准备接受别人的冷漠，这是你自己招来的，是你行为的结果。

这句话说理深刻，字字铿锵，建议大家时常用用以自警自省，并在适合的语境加以引用。

不如意事常八九，可与语人无二三。

——方岳《别子才司令》

生活中不如意的事很多，但是能够和别人诉说的很少。

为什么呢？或许是有难言之隐，想说却不能说；或许是没有知音之人，说出来也是白说；或许是不愿给别人添烦恼，宁愿自己咽下不说……

不管是出于什么原因，能够痛痛快快地倾诉自己的烦恼，确实是一件很奢侈、很不容易的事情。如果有一个人可以随时随地、安安静静地听你倒苦水，你也可以毫无顾忌地宣泄自己的情绪，这真的是一件幸事。但是，不是每个人都有这样的幸运。在更多的时候，人们需要自我化解，自我调节，自己温暖自己。如果无法向他人倾诉，就只能和自己倾谈。

当我们被烦恼煎熬又无从倾诉的时候，想想这句话，内心或许可以慢慢平静下来。同时，当我们劝慰他人，或在相关语境发表自己的见解时，也可以引用这句话来增强语言的感染力。

眼泪是挡不住子弹的,否则那该是个多么温柔的世界啊!

——英剧《神探夏洛克》

这是《神探夏洛克》中的一句经典台词,喜欢并为大家推荐这句话,是因为它散发着一股淡淡的幽默气息,同时,又透着不着痕迹的坚忍和洞察世事的达观。

其实,用一句大白话来讲,就是哭不能解决问题。对一个痛哭流涕的人,我们如果说"别哭了,哭不能解决问题",多少有些生硬,甚至会引起对方情绪上的对立。而这句话妙就妙在用一个非常传神的"挡"字,赋予了语言生命力。我想,不少人听了这句话是会破涕为笑的,这就是语言的魔力。

在日常口语交际中,我们可以根据语境,对这句话稍加改动,比如,"眼泪是挡不住困难的""眼泪是挡不住流言的""眼泪是挡不住劈腿的"……

不会劝人,这是大多数人经常会遇到的尴尬,特别是在气氛凝重的时候,我们不知道应该怎么去打破压抑的氛围。这个时候,淡淡的幽默应该是一个不错的选择,就像这句话一样。

> 我来不及认真地年轻,待明白过来时,只能选择认真地老去。
>
> ——三毛

相信这句话能引起很多人的共鸣。年轻的时候,人们总以为来日方长,总以为忧愁烦恼和自己无关,总会以为即使错了也有的是机会去弥补……年轻的岁月里,任性多于认真,挥霍多于珍惜,自我多于他人……

年轻的时候,我们常常体会不到人生的真正含义,待到活明白了,活通达了,懂得认真了,懂得珍惜了……往往已是人到中年。这样也好,就让我们带着岁月赠予的人生阅历和感悟认真地老去吧。

"年轻人犯错误上帝都会原谅的。"一个人如果不曾认真地年轻过,虽是一种遗憾,也还算情有可原;一个人如果不能认真地老去,那就是一种深刻的悲哀了。任岁月空添,一个到老都没有活明白的人,与行尸走肉又有什么区别呢?

在日常口语交际中,当谈及对人生的认识、人生感悟等话题时,我们可以尝试引用三毛这句于淡淡忧伤中透出深刻哲理的话,以增强我们语言的表现力和感染力。

> 人生就像一盒巧克力,你永远不知道下一块会是什么味道。
>
> —— 电影《阿甘正传》

相信每一位阿甘迷对阿甘妈妈这句既朴素又饱含人生哲理的话都能脱口而出。美国的巧克力通常是十二块或二十四块一盒,颜色、形状、口味各异,人们只有拆开包装吃到嘴里以后,才能知道自己吃到的巧克力究竟是什么味道。

人生也同巧克力一样,有着太多的不可预料。这一口是甜,下一口也许就是苦;这一口没滋没味,下一口也许就美味无穷。我们一定要有辩证的态度和积极尝试的热情。不能因为这一块的味道不对心思,就认定这一盒巧克力都不好吃;也不能因为这一块巧克力很甜,就认定这一盒巧克力不会有苦的。

只有这样,我们才会在苦中坚守对甜的追求,也才会在甜中做好对苦的准备,永远充满热情、充满活力地去探索,去体味人生的各种味道,让自己的生命丰盈、饱满。

这句话可以用来激励处于人生低谷的人,也可以给志得意满的人降降温,同时,用这句话来表达我们对人生的思索和态度也是非常合适的。

> 排除不可能的因素之后,不管剩下的多不可思议,那就是真相。
>
> ——《福尔摩斯探案全集》

相信不少人都曾对一套书如醉如痴过,就是《福尔摩斯探案全集》。或许多年之后,书中那些离奇的、扣人心弦的故事情节在脑海中可能会变得模糊,但书中的智慧将永远对我们的人生产生启迪和影响。

这句话正是出自《福尔摩斯探案全集》。这句话提到的排除法,不仅是分析案情、侦破案件的有效方法,也是我们平时思考问题、做出判断的实用方法。排除一个又一个不可能因素的过程,就是我们越来越接近事实、接近真相的过程。尽管经过层层过滤,最后留下的结果也许大大出乎我们的意料,甚至是我们从感情上根本接受不了的,但没办法,那就是真相。

有一些人,也可能包括我们自己,经常会排斥呈现在面前的真相,比如,我们不相信朋友会背叛,不相信亲人会反目,等等,这句话就是一剂非常好的清醒剂。同时,我们也可以引用这句话来说明要如何做才能有效地接近事实,获取真相。

一切都将过去，当一切都将成为过去的时候，你得到了什么？

——所罗门王

这是犹太民族历史上最伟大的君王，也是世界上最传奇的君王之一所罗门王的名言。所罗门王是智慧的化身，他的这句话带给我们震撼和启迪。

我们也经常会说"一切都将成为过去"，却很少考虑过去的一切会在我们身上留下怎样的印记。当一切都成为过去的时候，有的人更智慧了，有的人更善良了，有的人更豁达了……有的人恰恰相反。

过去的事我们或许无能为力，但过去的一切雕刻出怎样的自己，不同的人有不同的答案。愿大家经常想想所罗门王的这个问题，想想我们该怎样翻过一页一页的过去，该留下什么、扔掉什么、顿悟什么……

这句话的导向性非常强，在适当的语境下，我们也可以用这句话来引出话题、转移话题或启发别人的思考。

夫唯不争，故天下莫能与之争。

——老子《道德经》

正因为不与人争，所以天下没有人能与他相争。对这句话，有不同的解读。有人说这是在宣扬逆来顺受，是消极的；也有人认为，这句话非常有智慧，点明了处世的真谛。

其实，我们之所以会去争，是因为我们有各种欲望、各种诉求。比如，大家去争一个职位，更多的是看重这个职位能够带来的权力、存在感以及其他附带的利益。大家都这么想，于是大家就会在这个层面上去拼，去夺，互为对手，互相厮杀。

如果我们不关注这些诉求，只是专心致志地做好自己该做的事，我们不在那个"争"的圈子里，谁又能和我们争呢？如此，我们不仅不会心浮气躁、意气难平，还会获得在纷争的状态下无法获得的能力的提升。别人争，未必争得到；你不争，未必得不到，"有心栽花花不发，无心插柳柳成荫"不是神话，而是现实。不争才是人生的大智慧。

愿这句话给大家以启迪，为大家处理好工作、生活中的问题提供参考。

人生如逆旅，我亦是行人。

——苏轼《临江仙·送钱穆父》

苏轼在杭州做知州时，好友钱穆父经杭州北上。故人相见，置酒欢聚，既有久别重逢的喜悦，也有离别在即的惆怅。万般情感凝结于心，最后都融入了这句"人生如逆旅，我亦是行人"。

"逆旅"指的是客舍、旅店。诗人李白曾有"天地者，万物之逆旅"之句，将天和地比作世间万物的旅店，苏轼的"人生如逆旅"也是此意。人的一生，难免要经历千回百折，难免要面对各种各样的问题，这与其说是人生的烦恼，不如说是人生之旅上的小片段、小插曲。既然生命是一场旅行，既然你我都是行路人，都是天地间的过客，那么还有什么是想不开、放不下的呢？

这句诗道尽了人生况味，带给人的是豁达、超然和宁静。在演讲和沟通中，当聊到人生这个话题的时候，我们可以引用这句诗，说明对待人生要有旷达的态度，潇潇洒洒地走好这一段行程。另外，这句话也具有比较显著的治愈作用，是打开心结的"良药"。

为了玫瑰,也要给刺浇水。

——谚语

关于这句话,主流的解释是要笑对痛苦、笑对磨难,将心头的芒刺化为前进的动力。这样理解固然有道理,但是,我想从另外的角度和大家聊聊这句话。

有个成语叫"投鼠忌器",老鼠人见人厌,可如果为了打老鼠而砸了心爱的物件就不值得了,为了"器",我们可以暂且放过鼠。同理,我们能因为那些扎人的尖刺而不给玫瑰浇水吗?当然不能!因为那样一来,干死的不只是可恶的刺,还有美丽的花。

世间万物不是非此即彼、非黑即白的,往往是好与坏、美与丑、对与错杂糅在一起,纠葛在一起。一个人成熟的标志之一,就是理解和接受世界的复杂性,并具备区分和选择的智慧,具备决断和处置的能力,而不是一味地简单粗暴、莽撞行事。

这句话具有比较显著的劝慰效果,我们可以用这句话来引导他人分清主次,为了保住重点,该放弃的要放弃,该隐忍的要隐忍,哪怕它们是扎在我们心头的一根刺。

没关系，傻完了就长大了。

——饶雪漫《左耳》

　　新闻越短，事情越大；句子越短，寓意越深。就比如这句"没关系，傻完了就长大了"，短短的十个字引出的往往是一段难以言说的苦涩经历。而这里所谓的"傻"，当然不是指智商有问题，而是基于善良、单纯，基于对他人的绝对信任，而被利用，甚至被愚弄，就像俗话所说："被人卖了还帮人数钱呢。"

　　这种傻到家的经历固然让人痛苦不堪、不能释怀，但是，从另一个角度想，这何尝不是成长的开始呢？记吃不记打的人毕竟是少数，有了一次犯傻的经历，人就学会了判断、学会了分析，学会了对谁应该交心、对谁只能敷衍，所以，犯傻可以说成就了一个人最迅速的成长。

　　当我们身边有人为自己的犯傻而追悔莫及、寝食难安的时候，我们不妨用这句话来劝慰他们。当然，任何交流都必须切合语境，在说这句话之前，至少要使对方情绪相对平缓一些。如果对方态度很激动，本来好意的劝慰，弄不好就变成了火上浇油的嘲笑，结果适得其反。

宝珠玉者，殃必及身。

——《孟子·尽心下》

此句出自《孟子·尽心下》。孟子劝谏统治者说："诸侯之宝三，土地，人民，政事。宝珠玉者，殃必及身。"大意是：诸侯的宝贝有三样：土地、百姓和政事。如果诸侯以珍珠美玉作为宝贝，祸害一定会降临到他们身上。在这里，孟子告诫诸侯，如果他们不珍惜自己的国土，不顾老百姓的死活，不关心国家的政事，只知道一味地搜罗奇珍异宝以悦己，终有一天会大祸临头，国破人亡。

虽然这是两千多年前的一句话，但是现在对我们仍然具有指导意义。且不说党的领导干部、国家公务人员应该从中获得警示，就是私企老总也应该反复咀嚼这句话。经营企业，应该视什么为宝？把土地、人民、政事推及至现代企业，应该是市场、员工和质量。如果企业老总眼里只有利润，只顾想方设法实现自己利益的最大化，不理市场，不管员工，不顾质量，那么，同样会"殃必及身"。

愿这句话能够带给老总们思考，更希望老总们在经营管理中能将这句话落地，在演讲和沟通时恰到好处地引用这句话来阐明自己的观点。

人生天地之间，若白驹过隙，忽然而已。

——《庄子·知北游》

　　人生在天地之间，就像白色骏马在缝隙前飞快地越过一样，不过是一瞬间的事罢了。白驹：原指骏马，后来比喻太阳；过：越过；隙：空隙、缝隙。

　　一个人从呱呱坠地，到蹒跚学步，到读书求学，再到成家立业，最后尘归尘、土归土，这一段历程其实不过几十年，多则百年而已。对一个生命个体而言，这一段时光尚且不能算长，更不要说把它放到横无际涯的时间轴上去考量了，真的是"忽然"而已，太快了！

　　无论写总结还是做述职演讲，除了可以用"光阴飞逝""时光荏苒"等开头，还可以用"白驹过隙"引出对上一年的反思、感悟和总结。

> 行到水穷处,坐看云起时。
>
> ——王维《终南别业》

这是唐代诗人王维《终南别业》中的名句,脍炙人口,千古传诵。"行到水穷处,坐看云起时",字面意思并不难懂,说的是:走到流水的尽头,无路可走了,于是索性就地坐了下来,看天上的云朵涌起。

当然,只理解字面意思还不足以体会作者的深意。这句诗耐人寻味之处更在于其中透出的隐隐禅机。水穷之处并非绝境,地上的水虽然了无踪迹了,但天空中的云可以致雨,雨落地面,又可以汇聚成流水,索性就悠然地坐下来观天赏云吧。

在工作和生活中,我们难免会遇到这样那样的烦恼和问题,有时候看似到了水穷之处,但是,当我们尝试着换一个角度去看这些问题,一切自会豁然开朗。前提是我们要调整好自己的心态,让自己可以"坐"下来,能够抬头看。

当遇到困难无法释怀时,想想这句诗吧,没什么大不了的。另外,在涉及调整心态、坚定信心等话题的演讲中,引用这句诗也很恰当。

天下难事，必作于易；天下大事，必作于细。

——老子《道德经》

  天下的难事都是从容易的时候发展起来的，天下的大事都是从细小的地方一步步形成的。这句告诉我们，要想成就一番事业，必须从简单的事情做起，从细微之处入手。

  我们看问题应该具有辩证的态度，同时要看到事物之间的内在联系。就比如"难"与"易"、"大"与"细"，它们不是彼此割裂的，而是有着千丝万缕的联系的。难事由易事而来，大事由小事而来，从小事做起，从容易的事做起就是在为胜任难事大事积累经验，积聚能量，是起飞前的必要准备。

  在现实生活中，总有一些人好高骛远，眼睛只会望向天空，根本不愿意弯腰看一眼脚下的土地。对于那些不愿从小事做起，却心心念念要追求伟大、成就不凡的人，我们可以试着用这句话来让他们清醒一些。另外，在谈及注重细节、从细微处做起、伟大寓于平凡之中等话题的演讲和沟通中，我们都可以引用这句话，使我们的语言更深刻、更有哲理性和说服力。

发上等愿，结中等缘，享下等福；择高处立，寻平处住，向宽处行。

——左宗棠

这24个字浓缩了深刻的人生哲理，值得我们反复咀嚼、品味。同时，这副对联也让我想起《红楼梦》中的一个故事：有人送给薛宝钗的哥哥一些新奇难得的瓜果蔬菜，他要请薛宝钗吃。宝钗说自己命小福薄，不配吃这些东西，要哥哥留着请人。

有心胸、有眼界、有见识，同时又懂得惜福、节俭、低调、不张不狂，宝钗的为人与这副对联的思想应该是很切合的。

反观现实世界，为人张扬、豪奢炫富、唯我独尊，最终把自己的路越走越窄的人真的不在少数。所以，这副对联对当代人的为人处世具有非常重要的启示作用，如此要求自己，可以绕开很多人生陷阱，使自己活得更从容、更达观。

当然，在涉及为人处世原则等话题的演讲中，我们也可以以这副对联为开场白，用它引出我们要讲的内容，有了这样的铺陈，听众会更乐于接受我们的观点和主张。

做你自己,因为别人都有人做了。

——［英］王尔德

这是多么简单的道理,但是又有多少人明白这个道理?"每个人生下来都是原创,活着活着就活成了盗版"。在很多时候,我们不是按照原创的标准去塑造自我,而是按照他人的希望、社会框定的模子去打造自己,甚至仅仅是瞄着某个偶像,成为某个人的翻版,有的是在外貌上,有的是在精神上。

王尔德的这句话于戏谑间突然发力,让人刚咧嘴一笑又凛然一惊,进而有所感悟。是啊,每个人都是独一无二的,我们来到世间的使命,就是做好这个独一无二的自己,而不是做他人的复制品,或者做社会这条流水线上下来的批量产品。

在演讲和沟通中,当谈及此类话题的时候,我们可以引用这句话来为自己的语言增添幽默的色彩,比起干巴巴的道理,这样的特色语言,更能深入人心。

疯子领着瞎子赶路，是这个时代一般的病态。

——［英］莎士比亚《李尔王》

由衷地佩服大师的想象和表达。一句话，寥寥数字就把被疯狂观点、舆论裹挟着如洪流般滚滚而来的大众以及由此而形成的时代病态描绘得活灵活现。既然是疯子，那么他们所指引的道路必然是癫狂之路，正常的、有判断力的人是不会跟从的，但是，不具备判断力的人就如同盲人一样，会莫名其妙地跟着疯狂的人走上疯狂的道路，这是莎士比亚笔下那个时代的病态，而在我们这个时代，又何尝没有这样的现象呢？

在互联网异常发达的今天，人们获取信息的渠道非常广阔，所以，当下的人们缺乏的不是信息，而是对铺天盖地而来的信息的正确判断。如果没有正确的判断，势必就成了被捂上眼睛的盲人，很可怕，也很可悲。

在日常口语交际中，我们可以引用这句名言对现实世界中某些疯狂和盲目的现象进行讽刺和鞭挞，同时，也可以用这句话来提醒自己和他人，一定要具备明辨是非的能力，不做舆论的盲从者，更不要沦为疯狂者的"工具"。

> 不谋万世者，不足谋一时；不谋全局者，不足谋一域。
>
> ——［清］陈澹然

不谋划长远利益的人，是难以谋划好一时的事情的；不谋划全局利益的人，是难以谋划好一个局部的事情的。这句话启示我们，为人、做事要具有战略眼光，即使是一时之事，一域之事，也要建立在长远的、全局的谋划上。如果没有这样的格局，哪怕是一件眼前的、局部的小事也很难处理好。

古英格兰有一首著名的名谣："少了一枚铁钉，掉了一只马掌，掉了一只马掌，丢了一匹战马，丢了一匹战马，败了一场战役，败了一场战役，丢了一个国家。"这是发生在英国查理三世的故事。通过这个例子，我们对"牵一发而动全身"会有更形象而深刻的理解。

事物是普遍联系的。"万世"与"一时"、"全局"与"一域"看似不相干，实则息息相关。我们所有人，特别是企业总裁应该具有这样的战略眼光，用这样的思想指导自己的行动。当然，在演讲和沟通中，当需要阐述自己的战略思想时，别犹豫，引用这句话保管没错。

> 今天再大的事，到了明天就是小事；今年再大的事，到了明年就是故事；今生再大的事，到了来世就是传说。
>
> ——佚名

人在天地间走一遭，有快乐和幸福，也免不了烦恼和悲伤。在很多时候，不幸的境遇常常会让我们有世界末日之感，天昏地暗，似乎永远也走不出痛苦的魔咒。

其实，事情未必真的这样糟糕。电视剧《金婚》中有这样一个故事：主人公佟志和文丽年轻时生活拮据，好不容易盼到发工资的日子，文丽的钱包却被小偷偷走了，一个月的工资全没了，这个打击当时对他们来讲是致命的。这阴郁的日子充其量也就一个月，多说也就几个月而已，几十年以后再回头看，当初天大的事真的是小事一桩了。

所以，当身处逆境，觉得自己快要撑不住的时候，想想这句话吧，告诉自己，没有什么大不了的！这不是在唱高调，而是多少人的生活故事铸就的对生活的通达态度。而这样一种通达的态度，就是我们走出阴霾的捷径。除了自我激励，这句话还是一句不错的劝慰语，我们可以用来开导处于困顿中的朋友、同学、同事、亲人等。

周将处乎材与不材之间。

——《庄子·山木》

有一天，庄子在山林中漫步，看见一棵大树，长得枝叶繁茂，就问旁边的伐木工，这么一棵大树为什么不砍呢？伐木工回答，这样的树没什么用处。庄子感叹，这棵树因为不成材、派不上用场，所以才能自由生长，长得如此繁茂。从山中出来，庄子来到老朋友家，老朋友非常高兴，命令童仆杀雁做菜款待庄子。童仆问，雁有一只会叫，有一只不会叫，杀哪一只呢？庄子的老朋友说，杀那只不会叫的。

第二天，弟子问庄子，山里那棵大树，因为不成材没有被砍伐，而那只雁却因为不成材而断送了性命，材和不材，先生你将站在哪一方呢？庄子微笑着说了一句智慧的话："周将处乎材与不材之间。"

庄子说他将站在成材和不成材的中间。为什么？世事无常，有没有用从来都不是我们说了算的，在特定场景之下，不材的可能会变成有材的，比如一鸣惊人的"黑马"；有材的也可能变成无材的，比如，大英雄的穷途末路。所以，材与不材，不必过于纠结，一切顺其自然就好。

上帝的归上帝，恺撒的归恺撒。

——《马太福音》

法利赛人为了陷害耶稣，故意问耶稣："纳税给恺撒，可以不可以呢？"他们想通过这个语言陷阱让耶稣说出对恺撒不敬的话，以便治他的罪。

耶稣看出了他们的恶意，让他们拿来一枚钱币，指着上面的头像问："这是谁的像，谁的号？"他们回答："恺撒的。"耶稣说："恺撒的应当归给恺撒，神的应当归给神。"

对这句话，学者们从精神生活与世俗生活、宗教权力和政治权力等方面进行了广泛论述，认为上帝代表的是精神和宗教，恺撒代表的是世俗和政治。对于这样的观点，我们有所了解，当别人谈及的时候不至于一头雾水就可以了。在日常口语交际中，我们引用这句话，一般更侧重于它的通俗意义，即厘清责任关系，一码归一码，一件事说一件事，不要混为一谈。

当然，这句话也为我们指示了规避他人语言陷阱的方法，对于那些心怀叵测的人，我们千万不能顺着他们的话头说，以免中招。

> 在拿到巧克力之前,千万不要丢了手里的棒棒糖。
>
> ——佚名

这句话中的"巧克力"指的是在我们心目中更好的事物,比如更好的商机、更好的工作、更好的选择,等等;"棒棒糖"指的是我们攥在手中的、现在所拥有的一切。虽然巧克力比棒棒糖更美味、更有吸引力,也是我们努力的目标,但毕竟离我们还远,为了这个不确定的"好"轻易抛弃现在所拥有的,不是科学和理智的做法。

在日常口语交际中,我们可以引用这句话来表达做事情一定要稳妥,要踩实一步再迈下一步,不要贸然行事的意思。当然,这是从积极的角度去理解,从另一方面看也不是一点消极因素都没有。比如,在现实生活中,确实有一些人,暗地里脚踩两只甚至三只船,为自己留了好几个备选项,一旦判断好哪个是"巧克力",就会无情地扔掉其他"棒棒糖",即使这样的举动会伤害他人也不会放在心上。

我们要追求自己的"巧克力",前提是不伤害他人。我们分享这句话,不是为了宣扬权谋,而是为了提倡稳妥。愿我们都从积极的角度去理解和践行这句话。

我们的选择远比我们的能力更能表明我们是怎样的人。

——《哈利·波特与密室》

  一个人选择什么、如何选择，固然和许多因素息息相关，但是，最根本的驱动力在于他的价值观，在于他内心深处强大的欲念。虽然不能一概而论，可一个人内心倾向于什么、认同什么，才会选择什么，这确确实实是一个大概率事件。所以，从这个角度讲，选择比能力更能代表一个人。

  现实生活中也不乏这样的事例，有的人聪明绝顶，能力超群，但是，卓越的能力只是他们为自己谋利的工具和砝码，他们始终是围绕自己的利益进行选择和取舍的。这样的人，再耀眼的能力光芒也掩饰不了他们价值观的扭曲。

  正因为如此，从这句话我们可以引申出一个结论，选择是我们认识人、判断人和评价人的一个重要指标，看人，首先要看他们如何选择。这句话既可以作为我们识人的一条重要标准，也可以在涉及知人、识人等话题的演讲和沟通中加以引用。

> 生活是一个庞大的竞技场，大家尽可以在那里进行夺取胜利的较量，但必须老老实实地遵守比赛规则。
>
> ——佚名

在某些人眼中，规则是束缚，是枷锁，是行动的障碍，而不守规则是勇敢和洒脱的表现。其实，恰恰相反，对于芸芸众生，规则更多的是一种保护。如果说生活是竞技场，那么，只有有了规则，才能在一定程度上维持相对的秩序和公平。遵守规则，首先是对自我的保护，其次才是对他人的负责、对文明的敬畏。

正如所有运动员在赛场上都有争第一的权利，而一旦服用兴奋剂就会受到惩罚一样，任何人都可以在规则的框架下去追求自己想要的一切，但是突破规则的界限，必将受到惩罚，这是人类社会的根基。

在日常演讲和沟通中，我们可以引用这句话来说明规则的重要性，引起人们对于遵守规则的重视与自觉。

> 世界上有一条大河特别波涛汹涌淹死了许多人，叫聪明。
>
> —— 刘震云

这句话的意思是，聪明害人，聪明反被聪明误。当然，这里所说的聪明，不是高智商，而是投机取巧、耍小聪明。2011年8月，刘震云凭借历时三年创作的长篇小说《一句顶一万句》获得第八届茅盾文学奖，在接受记者采访时，他如是说。

耗费三年的时间和心血写一本书，其中艰辛自不待言。如此旷日持久的劳心费神，在某些人的眼中绝非聪明之举。但正是这样的不聪明，才诞生了一部优秀的作品，而那些自诩为聪明的人，那些总想找窍门、走捷径的人，被淹没于聪明的波涛之中。

世间没有唾手可得的幸福，也没有轻轻松松的获得，正如没有春的播种、夏的辛劳就不会有秋天沉甸甸的果实一样。在日常口语交际中，我们可以借刘震云的这句话更好地诠释这一道理，并对那些振振有词的"聪明人"进行回击，同时，也可以以这句话为开场白，引出我们对于什么是真正的聪明、如何做一个真正聪明的人等问题的看法，使我们的语言更饱满、更有见地。

不要让自己的大脑成为别人思想的跑马场。

——[德]叔本华

这句话的意思是,人要保持思想的独立,对人对事要有自己的思考和主见,不能人云亦云,更不能听由别人思想的摆布。

这句话如同当头棒喝,让人猛醒。众所周知,"跑马场"是马匹肆意狂奔的地方,"跑马场"不同于"风吹草低见牛羊"的大草原,大草原是一种美丽的存在,是牛、羊、马匹与自然和谐相处的所在,而"跑马场"只是用来满足马匹驰骋的,在这里马才是唯一的存在,其他的都可以视若无物。

宋代著名学者朱熹有云:"问渠那得清如许?为有源头活水来。"我们应该吸收借鉴他人的思想,使其成为丰富我们精神世界的"源头活水",但这样的吸收借鉴应该是主动的,如果被动地任由他人思想操控我们的意识,那该是多么可悲的事情啊!

在日常口语交际中,我们可以用这句话来唤起人们对思想独立的认识和认同,给我们的讲话增强感染力和说服力。

> 流言这东西，比流感蔓延的速度更快，比流星所蕴含的能量更巨大，比流氓更具有恶意，比流产更能让人心力交瘁。
>
> —— 钱锺书

在现实生活中，很多人都受到过流言的困扰，对于流言，人们在咬牙切齿、深恶痛绝的同时，常常又有无能为力之感，真的是非常憋屈。

钱锺书替大家出了这口恶气。比流感蔓延得更快，比流星坠落的能量还大，比流氓无赖更可恨，比流产更折磨人。钱锺书通过"流感""流星""流氓""流产"这四个词，形象生动地把流言扩散速度快、杀伤力大、充满恶意和让人饱受折磨的特点尽数道来，字字切中要害，对流言进行了无情的讽刺和鞭挞，让人们不由得大呼："太对了！说得痛快！"

在日常口语交际中，我们可以引用这句话来表达我们对流言的痛恨、嘲讽与不屑。同时，这句话也让我们反思，我们说话做事、对人对己绝对不能搞双重标准，千万不要嘴上对流言穷追猛打，实际上成为流言的传播者甚至策源地。

生命并不是你过了多少日子，而是你记住了多少日子。

——佚名

人们常说，时间对所有人都是公平的，一天天，一月月，一年年，岁月悄无声息地累加到每一个人身上，这是生命的长度。但是，正如财富并不一定代表幸福一样，生命的长度同样不代表生命的精彩程度。

有的人，虽然命很长，但只是春风秋月等闲度，任岁月空添，只有一天天平淡乏味的重复；有的人，把生命中的每一天都过得缤纷绚烂，他们努力、学习、奋进，就像走进"张嘴就来"提升演讲力的朋友们，时光中跃动的精彩点染着他们生命的浓度。

认真过好生命中的每一天，让我们每一天都有每一天的收获，每一天都成为值得记忆的日子，这就是这句话带给我们的启示。我们可以用这句话来勉励自己、激励他人，也可以在涉及生命的意义、有价值的人生等话题的演讲中引用这句话，为我们的演讲增添一抹亮色，使我们的语言更容易"走进"听众的心里。

> 当你说"不"时,你要使"不"听上去像"是"一样好听。
>
> —— 电影《教父》

"不"字虽然简单,但是很多人说不好这个简单的"不"字。最常见的表现是:有的人不好意思说,一个"不"字难出口;有的人不管不顾地说,一个"不"字噎死人;有的人拐弯抹角地说,一个"不"字绕死人。如此种种,都对人们准确地传递信息、表情达意形成了障碍,影响了人们之间的良性沟通。

"当你说'不'时,你要使'不'听上去像'是'一样好听",这句话,讲的是人际交往之道,折射出的是透析心灵的智慧。在拒绝别人的时候,让对方感觉到这份拒绝是合情合理的,是应该接受的,或者让对方体察到你有各种不得已,甚至你比对方还要难过,这应该就是"使'不'听上去像'是'一样好听"的意思了。

在人际交往中,我们不免要说"不",怎样既表达了自己的拒绝又让对方可接受,不因为一个"不"字把关系搞僵,甚至产生对立情绪,这确实是需要我们认真思考的。用心地说"不",睿智地说"不",这是人际交往的必修课,也是人生的必修课。

成年人的生活里没有容易二字。

——电影《气象预报员》

这是电影《气象预报员》里男主角的父亲对他的提醒。当时，男主角达夫的生活一团糟：妻子离去，工作表面光鲜却有不为人知的烦恼，青春期的儿女让人操心，父亲身患绝症，不久于人世。

这样的情节，不只电影里有，不少人在人生的某个阶段，都曾有过一段焦头烂额、天昏地暗的日子。人生本来就困难重重，长大成人后，就要面对成年人必须面对的各种问题，就要承担起成年人应该承担的责任，再不容易，也必须顽强地走下去。

当身心俱疲、心灰意懒之时，想想这句话，它可以唤起我们面对困难、有所担当的勇气。相应地，当我们身边的朋友遭受生活的困境，情绪低落的时候，我们也可以用这句进行劝慰，提醒他们调整情绪，不要向困难低头。当然，在涉及不惧困难、不畏磨难等话题的演讲中，这句话更可以成为整篇演讲的亮点，统领全篇，凸显主题。

> 简洁是智慧的灵魂，冗长是肤浅的藻饰。
>
> ——［英］莎士比亚

这句话挺好理解的，唯一生僻一点的词是藻饰，藻饰的意思就是修饰。

我一直在讲，演讲最根本的目的是抵达，是把话说到听众的心里去，演讲要完成的是心与心之间的旅程。我们都有这样的常识，去外地出差，为了节省时间，提高效率，哪种交通工具快，我们就搭乘哪种交通工具。本来坐飞机一个小时就能到，你非要骑自行车，浪漫是浪漫了，可等你到了，客户早就不是你的了。

同样的道理，简洁有效率、一语中的也是演讲的大智慧。为了所谓的文采，千方百计去修饰、去雕琢，把简单的话整复杂，只能给人肤浅的感觉，就像美颜过度反而让人接受不了一样。当我们与他人讨论演讲之道时，可以引用这句话，使我们的观点更具说服力。

> 鱼得水逝而相忘乎水,鸟乘风飞而不知有风。
>
> ——《菜根谭》

鱼有水才能优哉游哉地游,但是它们何尝明白自己置身水中呢?鸟借风力才能自由自在地翱翔,但是它们不知道自己置身在风中。

单看字面意思,我们还是有一种云里雾里的感觉。这句话描述的只是鱼不知有水、鸟不知有风的现象,这再平常不过的现象在作者笔下有什么深意呢?深意就在后一句"识此可以超物累,可以乐天机"。就是说,如果我们能看清此中道理,就可以超然置身于物欲的诱惑之外,而且也只有这样,才能获得天赋的真正人生乐趣。

在现实生活中,我们很多人确实常常为物所累,对外界的"物"太过关注,必然丧失内心的平和与安宁。当我们要表达超然物外、顺应自然等意思时,可以引用这句话,使语言更加形象、丰满。

人生若是走错几步，就当是在跳舞。

——佚名

我们经常讲，一个人只有经过岁月的沧桑，才能成熟起来。一个人的洞察世事、宠辱不惊、淡泊从容不是与生俱来的，而是时光的雕琢、岁月的打磨，苦难的洗礼，其中就包括人们犯下的错误。

人非圣贤，难免有错。在人生的道路上如果走错了几步路，确实让人痛苦沮丧，但是从另一个角度讲，正是这样错误的经历在塑造着更加优秀的我们。所以，对于错误，吸取经验教训，将它作为成长进步的阶梯即可，千万不要抑郁难平，无法释怀，这也正是我对"路走错了就权当在跳舞"的理解。接受错误，与错共舞，只有心境的豁达才能迎来人生的广阔。

在日常口语交际中，我们既可以引用这句话来劝慰身边因犯错而饱受痛苦折磨的人，也可以在涉及乐观、豁达、积极，正确对待困难等话题的演讲中，以这句话作为核心句，围绕这句话进行展开论述，既可以使演讲内容更有深度，更有启发性，也为演讲定下了一个轻松幽默的基调。

> 都说人生是一场长跑,而更多人的人生,其实是一场障碍赛。
>
> ——佚名

是啊,如果仅仅是距离上的长,我们或许咬咬牙还能挺住,但是,人生不仅是一段长路,而且是一条困难重重的长路。在这条路上,这里有沟,那里有坎,这里是怪石拦路,那里是荆棘丛生……在我们脚下的,不是运动场上的塑胶跑道,而是一个又一个障碍啊!

把人生比作长跑,让我们对持之以恒有了最形象的理解;把人生比作障碍赛,让我们对坚忍不拔有了最深切的感悟。我们结合一下这两个意思,人生就是一场跨越障碍、克服困难的长跑,对障碍有准备,对克服困难有信心,具备持之以恒、坚忍不拔的品格,我们才能更好地跑完人生之路,圆满抵达终点。

在日常口语交际中,当我们要表达这样的意思时,引用这句话就是一个不错的选择,因为它不是单纯地讲枯燥的大道理,而是引导大家去理解、体会和感悟。

> 人的一生会看到许多风景,如果你被困在一个风景中,就会很难看到下一个风景。
>
> ——佚名

我们经常把人生比作一场旅行,在旅行中,我们会遇到形形色色的人、遇到各种各样的事,这是我们的经历,更是我们人生中的风景。不管它是灿若朝霞般美好,还是如无边落木般萧瑟,都只不过是我们漫漫人生旅途中的一个点,好也罢,坏也罢,我们需要的只是经历,只是路过,而不是驻足,更不是沉沦。

因为,当我们深陷某一风景的时候,我们的世界就只有这么大,我们体会不到更宏大的美好,当然也无缘痛苦与失意在我们生命中雕刻下的花纹。只有走出来,走过去,我们才能有更多的经历、更多的体验和更多的感受。

既然这句话是一句具有开锁功能的话,那么毫无疑问,它在口语交际中最好的作用就是劝导。如果我们身边有人被一份若即若离的感情、一个不咸不淡的工作、一场莫名其妙的麻烦……所折磨,我们可以试着用这句话来劝导他们走出眼前的困局,"百步之内,必有芳草"。

表面是清晰明了的谎言,背后却是晦涩难懂的真相。

——［法］米兰·昆德拉

这句话非常有哲理,值得深思。透过这深邃而有力的文字,我们至少可以获得如下启迪:

第一,某些时候,真相会被人为地掩盖起来,而掩盖真相的恰恰是那些流畅的、清晰的谎言;第二,人们倾向于接受那些清楚流畅的信息,即使这些信息是谎言,也不愿意抽丝剥茧、劳心费力地探究晦涩难懂的真相,所以,谎言才可以大行其道,才更有迷惑性。

电视剧中的故事是这样,现实中的很多故事又何尝不是这样呢?我们听到的那些条理清晰、言之凿凿的话,又有多少是混乱真相的谎言呢?读得懂谎言、看得穿真相,这是一种能力,更是一种为人处世的智慧。

在日常口语交际中,我们可以引用这句话来阐述不要被谎言迷惑,即使真相再晦涩难懂也要一探究竟的道理。同时,我们也可以用这句话来引出我们对谎言与真相的描述与议论。

> 我们看见的一切都是一个视角,不是真相。
>
> ——马可·奥勒留《沉思录》

记得小时候上美术课,同样画一只杯子,坐在中间正对杯子的同学,坐在杯子左侧的同学,坐在杯子右侧的同学,大家画出的杯子都是不一样的,是他们中有人画错了吗?不是!从他们的视角去描摹,他们画出的杯子都是正确的,只不过,他们看到的只是一隅,而非全部。

画画如此,现实生活又何尝不是如此呢?在很多时候,我们以为自己看到了全部真相,其实,那只不过是从我们自己的视角看到的真相的一部分,甚至是变了形的真相。

正因为如此,人和人之间才会有争执、有误解、有冲突,因为,大家都笃信自己看到的,而不相信别人看到的。要消弭人与人之间的对立,最有效的办法就是交换场地,站在对方的位置,从对方的视角去看一看,一切问题就会迎刃而解。我们经常讲换位思考,这句话可以帮助我们更好地领悟换位思考,同时,这一名言也有助于我们更清晰准确地表达不要对自己所见过分偏执,要从不同视角去审视问题的观点。

> 在你往上爬的时候，一定要保持梯子的整洁，否则你下来时可能会滑倒。
>
> ——［美］蓝斯登

这是美国管理学家蓝斯登的名言，因此被称为"蓝斯登原则"。"蓝斯登原则"振聋发聩，直指人心。应该说，"向上爬"是人的本能，不能用简单的对与不对、好与不好来评判。但是，一个人怎么"向上爬"就大有说道了。

"保持梯子的整洁"，意思是不能践踏别人的尊严，不能损害别人的利益，不能踩着别人往上爬。正所谓"三十年河东，三十年河西"，谁也不可能永远春风得意。登高易跌重，那些踩着别人爬上去的人又怎能平安落地呢？进退有度，才不至于进退维谷。当《人民的名义》中祁同伟饮弹自尽的时候，当《红楼梦》中的贾雨村盛极而衰的时候，当一幢幢高楼起高楼塌的时候……难道不该我们反思吗？得志不猖狂，给别人留出路，就是给自己留余地。

有两种事应尽量少干：用自己的嘴干扰别人的人生，靠别人的脑子思考自己的人生。

——佚名

我们都应该把这句话当作一面镜子，时不时拿出来照一照，"照"自己的嘴巴，"照"自己的思维，让自己成为更"漂亮"的人，当然，这个"漂亮"指的不是容貌，而是风度、修养和行为。

必须承认，我们很多人都爱八卦，都爱对别人指指点点、品头论足。从前，我们可能没觉得这样做有什么不妥，说说罢了，仅此而已。现在，这面镜子映射出了问题的实质，这是在干扰别人的人生！所以，今后这样的事我们尽量少干，最好不干。与此相对应地，我们立足于社会，也要有自己的主见、自己的决断，不能在别人的议论声中，在别人的指点下放弃自己的思索，沿着别人指出的未必光明、未必正确的方向去走自己的人生之路。

在日常口语交际中，我们既可以引用这句话来告诫人们不要对他人妄加评论，同时也可以引用这句话来强调独立思考的重要意义。

风险来自你不知道自己在做什么。

——［美］巴菲特

"股市有风险，入市需谨慎"，这句话即使股盲也耳熟能详。那么，股市的风险来自哪里呢？在巴菲特看来，风险来自盲目和情绪化。投资应该是一种非常审慎的行为，如果不仔细了解自己投资的企业，盲目为之，跟风操作或情绪化操作，怎么能没有风险呢？巴菲特这句话虽然谈的是股市，但是也适用于其他领域，对我们所有人都有启发。

很多时候，我们真的是不知道自己在做什么。比如，在一遍遍刷朋友圈的时候，我们不知道自己是在浪费时间；在没来由地对亲人大喊大叫，宣泄负面情绪的时候，我们不知道自己在挥霍真情；在对别人颐指气使的时候，我们不知道自己是多么面目可憎……这些不知道，可能不会给我们带来财富缩水的风险，但是，它会给我们的人生带来风险。

这句话是非常有智慧的忠告和警示，记下来并在适当的语境引用吧。

> 已经路过的风景就不要再打听了,当你选定一条路,另一条路的风景便与你无关。
>
> ——佚名

曾在央视干得风生水起,后来自己辞职创业的主持人王利芬女士在演讲中谈到不同的人辞职后不同的表现,有的人虽然辞职了,可心里边还惦记着,还爱打听原来单位的人和事,王利芬说自己从来不这样做。

王利芬是睿智的,她在演讲中表达的观点和我们分享的这句话的基调是一致的。选择已经做出了,已经走上一条新的道路了,还惦记那条老路上的风景又有什么意义呢?殊不知,我们的痛苦,就是在对原路的回眸顾盼中,在新与旧的对比中产生的,这样的痛苦真的是人们自找的。一条路上有一条路上的风景,一条路上有一条路上的际遇,无谓的比较只能乱了行路人的方寸,懂得欣赏当下的风景才是最重要的。当我们要表达这样的意思时,引用这句话是一个不错的选择。

> 遇到会做的题，仔细；遇到不会做的题，冷静。
>
> ——佚名

　　这是一句普通得不能再普通的大白话，近乎絮叨。但是，这句像白开水一样的话，却又是那样滋味悠长、回味无穷。

　　在考试中，考生最常犯的错误，一是遇到简单的题、会做的题，大意，不仔细，拿不了满分，不能完胜；二是遇到难题、不会做的题，害怕，不冷静，本来好好想想未必一点做不出来，但方寸已乱，只能举手投降。所以，考生失分，固然和知识掌握得不牢有关，也和心理、情绪上的波动有关。

　　其实，不只考生如此，我们平时在工作中也会出现诸如此类的问题。对于驾轻就熟的工作，往往会因为太放松了，不细心，然后犯一些不可思议的低级错误；对于难度比较大的工作，也常常会因为不冷静、害怕而畏首畏尾，不敢去做，迟迟打不开局面。所以，这句话是送给考生的，也是送给职场人的。假如你是领导，你也可以套用这句话，用"会做的工作，仔细；难做的工作，冷静"来要求下属。

> 投之亡地然后存,陷之死地然后生。
>
> ——《孙子兵法·九地篇》

把军队置于必死之地,身陷绝境,反而能转危为安,保存下来,取得胜利。

恐惧之心,人皆有之。同样是恐惧,产生的结果却大不相同。有人因恐惧而退缩;有人因恐惧而奋起;有人被巨大的恐惧感击垮;有人因恐惧的强刺激反而激发起他们拼死一搏的勇气。

身陷死地,求生渺茫,谁也不可能不恐惧。与此同时,一个必须直面的事实是,恐惧解决不了任何问题。既然最坏的结果就是"死",那么,与其坐以待毙,不如杀出一条血路。正如弹簧被压到极限会有强大的反弹力一样,人被逼到死角,同样会迸发出惊人的力量,军队打仗是这样,普通人在工作生活中的表现也是这样。

在日常口语交际中,我们可以引用这句话来激励处于不利境地、情绪低落的团队或个人,唤起他们战胜困难的勇气和信心,走出"死地",走向胜利,走向光明!

但愿每一场泪水都可以灌溉我的智商。

——佚名

这句话初看有一种摸不着头脑的感觉，泪水和智商本是风马牛不相及的两回事，泪水怎么能灌溉智商呢？如果我们把这句话和"好了伤疤忘了疼"的俗语联系起来，答案一下子就出来了。

在很多时候，人是善忘的。在困顿痛苦中的种种煎熬，往往会随着时间的流逝而烟消云散，而那时流下的泪水，也会慢慢变成往日的故事。

我们要遗忘的是痛苦本身，而不是痛苦带给我们的启迪与思索。就如同伤疤好了，疼痛的感觉就消失了，也自然而然地被遗忘了，可不能遗忘的是什么使我们受的伤，需要思考的是我们如何避免再次受伤，再次遭受痛楚。从痛苦中吸取经验教训，这就是用泪水在灌溉我们的智商的含义，这样的表达比起那些空洞的说教更豁达，更洒脱，更俏皮，因此也就更有味道。我们可以在适当的语境引用这句话，使我们的讲话既有深度、有哲理，同时又不失诙谐幽默。

> 要想在原上活人，心上得能插得住刀子。
>
> —— 电视剧《白鹿原》

这是《白鹿原》中骨头最硬的族长白嘉轩的慨叹。白嘉轩在一次和他的长工也是挚友鹿三喝酒聊天的时候说："都说宰相肚里能撑船，要我说，要想在原上活人，心上得能插得住刀子。"

原上，指的自然是白鹿原，白、鹿两姓世代生息繁衍的那片热土；活人，用我们的话讲就是活下去，生存下去。我想，恐怕也只有白嘉轩最能体会心上插刀子的感受了吧。他一生经历了太多太多的磨难，六娶六丧，兵匪战乱，干旱饥馑，儿子不肖……面对命运一次又一次的无情打击，白嘉轩的腰杆反而越来越硬。"心上得能插得住刀子"就是他对命运不屈的宣言。

这话真的是太形象也太震撼了！现在，大家爱用"我有一颗玻璃心"来昭示自己的敏感与脆弱，可是命运才不会管你玻璃心不玻璃心，任凭你的玻璃心碎成饺子馅，打击与磨难一样会来，一点也不会少。所以，与其无谓地絮叨自己的玻璃心，不如用这句话来彰显勇气和决心。

> 人生用特写镜头来看是悲剧,用长镜头来看则是喜剧。
>
> ——[美]卓别林

众所周知,特写镜头和长镜头都是拍摄的手法。特写镜头记录的局部,是把局部进行凸显。在特写镜头下,所有的细节都会一览无余。而长镜头是指用比较长的时间对一个场景或一场戏进行连续拍摄,它记录的是一定时间跨度内的变化。

把特写镜头和长镜头这两个拍摄术语引入对人生的思考,我们很容易悟出其中的含义。所谓特写镜头指的就是人生历程中某一特定的阶段或遭遇。人的一生不会事事如意,难免风雨坎坷,当我们用特写镜头对准这些不幸遭遇的时候,感受到的自然是悲剧。

但是,人生也不可能停滞在某一个特写镜头下,"风物长宜放眼量",当我们用长镜头去记录人生的时候,就会发现挫折是暂时的,生活是美好的。

卓别林的这句话,我们既可以用来劝慰生活中遭遇挫折的人,让他们坚定对美好明天的信心,也可以在涉及如何对待人生、困难等主题的演讲中加以引用,以提升讲话的含金量。

见火不扑火烧身，见蚊不打蚊咬人。

——佚名

这句话很浅显，意思非常好懂，咱们没必要过多解释。可能有人会奇怪，既然这么简单，既然没啥好说的，我为什么还要来分享这句话，因为这句话中的味道！

看见火不灭就会被火烧到，看到蚊子不打就会被蚊子叮咬，对这些可以预见的后果，人们会有一种本能的防范。换句话说，因为我知道不救火会殃及自身，不灭蚊子会坐卧不宁，所以，我才会有所反应。

但是，如果我们不能预见现象与结果之间的关联，或者预见到了，但内心里不愿意承认这种关联，我们还能像举起手来打蚊子那样本能而迅速地做出反应吗？有的人可以做到，也有一大部分人做不到。

由此，这句话的味道也就飘散开来了。实际上，这句话就是一个警醒，它通过简单明了的类比，暗示了现象与结果之间的必然联系，用显而易见的事实去警示人们一定要认识到问题的严重性，对可能发生的结果要及早采取行动。

> 只管走过去,不要逗留着去采了花朵来保存,因为一路上,花朵会继续开放的。
>
> ——[印]泰戈尔

现在有一个词很热,叫"断舍离"。"断舍离"是当下非常流行的家居整理方法。断,就是对自己不需要的东西不买、不收;舍,就是扔掉家里没用的东西;离,就是远离物质的诱惑,放弃对物品的执着。"断舍离"既是家居整理之道,也是人生之道,而泰戈尔的这句诗,就是对"断舍离"的诗意而浪漫的表述。

我们不少人都有这样的习惯,自己喜欢的东西总愿意保留下来,于是,我们走一路,收一路,存一路。我们以为自己以后会有时间去欣赏这些珍贵的"收藏",可很多时候,我们无暇顾及这些"收藏",它们只会孤独地躺在一角,褪去美丽的色彩,落满岁月的灰尘。

领略美丽永远比收藏美丽重要,不要把生活填得太满,要为下一站的绚烂留出更多的空白,在日常口语交际中,当我们要表达这样的意思时,可以引用这句诗来诠释,也可以融入"断舍离"这个流行元素,凸显时代气息,正所谓"淡妆浓抹总相宜"。

> 人生有时是赢在起跑线上，有时是赢在转折点上。
>
> —— 王立群

这句话是有渊源的，早在几年前网上就有一句话，叫"人生不是赢在起跑线上，而是赢在转折点上"。这句话固然非常鼓舞人心，尤其是对那些在"起跑"时不顺的人来说，无疑是一剂强心剂。不过，仔细想想，这么说未免有点绝对了。在我们周围，确实有人是从起跑线开始就一路赢下来的，这是事实。

河南大学教授王立群把"不是……而是……"改成"有时……有时……"就客观得多，而且精准得多了。更为重要的是，鼓舞他人、提振信心的作用丝毫未减。

当我们身边有人遭遇挫折的时候，我们可以用这句话来加油鼓劲，比如，我们可以这样说："这有什么大不了的，别人是赢在起跑线，咱会赢在转折点！"如果你身为老总，在公司转型的关键时刻，"赢在转折点"之说无疑可以有效调动员工的积极性，坚定大家对公司未来发展的信心。当然，在涉及人生、成功、失败等话题的演讲中，引用这句话也非常合适。

> 一个成熟的人往往发觉可以责怪的人越来越少,人人都有他的难处。
>
> —— 电影《我们不是天使》

社会心理学认为,人们归因(探寻行为背后的原因)可以分为外归因和内归因。归因于外:为什么我的事业停步不前?因为领导任人唯亲,因为同事暗中使绊子……归因于内:为什么我的事业停步不前?因为我学习得不够,因为我的能力有待提高……

蹒跚学步的小孩,走不好摔一跤可能会去打地:"谁让你摔我的?"心智不成熟的幼童这样做是有趣,心智成熟的大人再动不动就去责怪外界、责怪别人,那就是不理性、不成熟了。所以,这句话所说的"发觉可以责怪的人越来越少",我认为,就是指不再有责怪别人的兴趣。当一个人不再把自己的"不幸"归咎于他人,当一个人告诫自己,大家都有难处,不要求全责备的时候,就是走向成熟的开始。

在日常口语交际中,我们可以引用这句话来规劝那些爱抱怨、习惯求全责备的人;当然,也可以引用这句话来阐述我们心目中成熟的标志,引发更多人的思考。

> 人生是一场永不落幕的演出，我们每个人都是演员，只不过，有的人顺从自己，有的人取悦观众。
>
> ——佚名

说到演戏，不由得让人想起一个词——"老戏骨"。"老戏骨"之所以让人敬佩，除了他们的精湛演技和敬业精神，还有就是他们真正入戏，与角色融为一体了。在他们那里，没有观众爱看什么、不爱看什么的概念，完全是顺应自己的内心感悟去挥洒、去演绎。

戏如人生，人生如戏。如果说在人生大戏中，我们每个人都是演员，我们就应该向"老戏骨"看齐。我们"演戏"，不是演给别人看的，不是为了别人说好的。不刻意奉迎，不委屈改变，做最真实的自己，才能称得上是精彩的人生演出。

人活一世总要坚持一些什么，不要活在别人的目光和评论中，不要为了取悦任何人，更不要为了获得别人的肯定而轻易丧失自我，这就是这句话带给我们的启示。在涉及人生态度、人生感悟等话题的演讲和沟通中，我们可以引用这句话，既可以使我们的语言更有深度，又很形象生动，更易于被听众理解并接受。

> 有的人认为坚持会让我们变得更强大,但有时候放手也会。
>
> ——[德]赫尔曼·黑塞

有人说,德国作家、诗人、诺贝尔文学奖获得者赫尔曼·黑塞有种特别的魅力,全世界的年轻人都爱他。我想,通过这句话,我们可以隐约感受到黑塞那特别的魅力。

如果从思维类型上划分,这句话属于逆向思维。当大家都在强调坚持对人成长的重要意义时,黑塞反其道而行之,认为与坚持一样,放手也可以使我们变得更加强大。

特别值得一提的是,这句话不是为了与众不同而刻意反其道而行之,仔细琢磨,这句话是非常有道理的。坚持不等于盲目,我们必须懂得取舍,懂得对错误的人和事放手。可是,由于情感的因素,或者习惯的因素,放手往往不是那么容易的。故而,能够放手就是强大。

在日常口语交际中,当我们劝告别人放弃不值得的人和事的时候,可以引用这句话,以增强说服力,帮助他们打开心结。

一帆风顺也是一种乏味。

——王朔

我们都希望人生一帆风顺，但是，谁的人生又真的可以一帆风顺呢？就算幸运之神真的眷顾我们，让我们永远事事顺心，一帆风顺，永远泡在蜜罐里，恐怕我们感觉到的就不再是甜，而是腻，是波澜不惊之后的苍白乏味了。

所以，王朔才说："一帆风顺也是一种乏味。"主要还是看结局，结局可观，过程有些起伏，将来都是谈资。王朔心目中的理想人生，不是没有波澜的人生，而是历经波澜之后，能够达成完满结局的人生；是过程虽然坎坷，结果却很美好的人生。

有着丰富的经历，同时又有着美好的结局，这样的人生才精彩。所以，现在很多校长、老师给学生的毕业赠言常常会说，不祝孩子们一帆风顺，只祝愿他们不被困难打到。实际上是在鼓励他们去经历、去享受人生，哪怕是困难，也是多彩人生的一部分。在适当的语境下，我们可以引用这句话来阐述自己对人生的理解和感悟。

生命的密度比生命的长度更值得追求。

——周国平

密度是物理学上的概念，换成容易理解一点的说法，生命的密度就是指生命丰富多彩的程度。在这句话中，周国平告诉我们，如果生活平淡乏味，毫无精彩可言，那么即使生命的周期再长，也没有什么意义。

与寡淡如水的长寿相比较，我们更应该追求的是生命的多姿多彩。我们应多经历、多体验、多感悟、多作为，用丰富的经历去增加生命的密度，让自己的生命变得紧致，变得有滋有味，而不是今天重复昨天，明天重复今天，光阴虚度，最后只在手中攥了一大把苍白无色的日子。

密度与长度之说是一个非常形象也非常新颖的提法，而且通俗易懂，容易引发听众的共鸣。在以人生感悟等为主题的演讲沟通中，我们可以引用这句话，使我们的语言更有层次、更鲜活。

慎终如始，则无败事。

—— 老子《道德经》

老子，生活于春秋时期，具有朴素的辩证思想，是我国古代伟大的哲学家和思想家，道家学派创始人。这句话的意思是：谨慎地做到最终，就像开始时一样，就不会有失败和差错。

我们很多人都是这样，刚开始做一件事的时候，思前想后，小心谨慎，精益求精，生怕出错，就像学生用一个新的本子，第一页总是写得又整齐又漂亮一样。随着时间的推移，刚开始时的那份用心和细致往往不复存在，随之而来的是草率、敷衍，甚至荒唐。

对于这种谨慎起笔、潦草收笔的现象，老子的这句话不啻一剂良药。它提醒我们，做事情做到最后也要像开始时那样，小心谨慎要一以贯之，"慎终如始"，只有这样才不至于把事情办糟，才能取得最后的成功。

在涉及做事不能虎头蛇尾，要自始至终谨慎用心等话题的演讲和沟通中，我们可以引用这句话，以提升我们语言的层次和表达效果。

亦知人生要有别，但恐岁月去飘忽。

—— 苏轼

我们中学的时候都学过唐宋八大家，其中有父子三人合称"三苏"，他们是父亲苏洵，哥哥苏轼，弟弟苏辙。苏轼和苏辙感情很好，当他们第一次不得不面对分别的时候，苏轼写下了："亦知人生要有别，但恐岁月去飘忽。寒灯相对记畴昔，夜雨何时听萧瑟。君知此意不可忘，慎勿苦爱高官职。"

离别之际，苏轼对弟弟说：我当然知道人生是会有聚散离别的，只是担心岁月匆匆，这一次离别，不知道下一次的相聚会是什么时候。这样的心境，这样的感叹，不是苏轼一个人的，所有面对分离的人都会有这样的情愫。

日本作家村上也写过一句很有意境的告别语："相逢的人会再相逢。"同样，苏轼的"亦知人生要有别，但恐岁月去飘忽"也会为离别平添一分况味。

> 人生有许多事情，正如船后的波纹，总要过后才觉得美的。
>
> —— 余光中

这句话出自余光中的散文《我的四个假想敌》。余光中有四个女儿，文中的"四个假想敌"指的自然是女婿，这样的说法既风趣幽默，又饱含了父亲对女儿的眷眷深情。

在文中，余光中用文字勾勒出这样一幅画面：最小的女儿出嫁后，他和妻子"并坐在空空的长沙发上，翻阅她们小时相簿，追忆从前，六人一车长途壮游的盛况，或是晚餐桌上热气蒸腾，大家共享的灿烂灯光"。然后，不由得感叹："人生有许多事情，正如船后的波纹，总要过后才觉得美的。"

这样的文字真是太有穿透力和震撼力了。当我们置身于某一情境之中的时候，或许没有那么深切的感触，但是，当我们回头看去的时候，就会发现过去的美好。这就好像行船，波纹总是在船后荡漾开来。如此优美而又形象的句子，作为人生的感悟镶嵌在我们的演讲和沟通中，既可以为语言提色，又可以彰显思想的深邃。

> 一个人需要隐藏多少秘密，才能巧妙地度过一生。
>
> —— 仓央嘉措

仓央嘉措，这位西藏历史上生平迷离、极具才华又饱受争议的喇嘛，为后世留下了一首又一首缠绵悱恻的诗篇。"一个人需要隐藏多少秘密，才能巧妙地度过一生。这佛光闪闪的高原，三步两步便是天堂，却仍有那么多人，因心事过重而走不动。"这是仓央嘉措的一首小诗。诗中最让人怦然心动的就是这句"一个人需要隐藏多少秘密，才能巧妙地度过一生"。

每个人的心中都有不能对外人言说的秘密，这里面有我们爱过的人、我们做过的事、我们犯过的错、我们永远无法弥补的遗憾……我们小心翼翼地隐藏着这些秘密，在生活的舞台上周旋。是啊，或许人生就是这样在隐藏秘密的过程中度过的。可是，在某个时刻，我们是否会疲惫，会厌倦这种隐藏呢？

这句话带着淡淡的无奈和忧伤叩击着我们的心扉，在以人生感悟为话题的演讲和沟通中引用这句诗，无疑会为我们的表达增色。另外，如果我们想委婉地提示某人不要故意掩盖事情的真相，也可以引用这句诗，或许可以收到意想不到的效果。

> 叶子的离去,不是风的追求,也不是树的不挽留,而是命运的安排,是自然的选择。
>
> ——佚名

"叶子的离去,是风的追求,还是树的不挽留?"这唯美又朦胧的句子,我们大家耳熟能详。那么,叶子的离去,究竟是因为风的热烈相迎,还是树的冷漠相拒呢?

这句话给我们的答案是,叶子的离去,无关风也无关树,离去是大自然的法则,也是叶子的宿命。无论赋予落叶怎样的情感色彩,它该飘落就要飘落,正如尘世中事,该来的总会来,该发生的总会发生。落叶飘零固然让人感伤,但焉知离去不是另一个新的开始呢?

深秋时节,落木萧萧,难免会使人产生一丝悲凉的情绪,这样一句比较理性也比较客观的话,一方面有助于我们提振情绪,使我们正确认识世事,另一方面,在演讲和沟通中引用这句话,可以使我们的观点新颖不落俗套。特别值得一提的是,因为这句话是对大家熟知的语句的再加工和升华,所以更具有群众基础,更容易引起大家的共鸣。

生命中最艰难的那段路是要自己一个人走过来的，这样，学到更多的是坚强，而不是感动。

—— 日本动画电影《红猪》

《红猪》改编自宫崎骏漫画作品《飞行艇时代》，主要讲述了被自己诅咒而变成猪的主人公打击空中劫匪，保护身边的人的故事。

绝大多数人在面对困苦和磨难的时候，都希望有人分担，至少是有人同行，所以患难与共、风雨同舟等词语才如此美好、如此动人。

这句话告诉我们，最艰难的路一定要自己走，这样才能磨炼我们的意志，使自己变得更加坚强。别人的同行与陪伴固然让我们感动，但坚强更是我们需要的品质。

愿这句话激励我们勇敢地面对人生中的种种磨难，使自己变得更加强大。同时，在涉及相关话题的演讲和沟通中，我们可以引用这句话更显深刻、更有感染力地表达自己的观点，更好地引起听众的共鸣。

今朝有酒今朝醉,明日愁来明日愁。

——罗隐《自遣》

此句出自罗隐的《自遣》,全诗为:"得即高歌失即休,多愁多恨亦悠悠。今朝有酒今朝醉,明日愁来明日愁。"大意是:一有机会便唱否则就罢休,愁恨全然不理照样乐悠悠。今天有酒就喝个酩酊大醉,明天有忧虑就等明天再愁。

"今朝有酒今朝醉,明日愁来明日愁"是脍炙人口的千古名句,有人认为它渲染的是得过且过的消极情绪,虽然这种说法也不无道理,但我们还是更愿意从乐观、豁达的角度去品读这句诗。

罗隐仕途坎坷,考了十次进士都没有考中,因而有这样的感慨。生活在世俗中的我们,也免不了有这样那样的烦恼。面对烦恼我们该如何自处?有道是"苦也一天,乐也一天",当我们无力改变环境的时候,与其无谓地纠结,郁郁寡欢、身心俱疲,不如像罗隐一样洒脱一些。在日常口语交际中,当我们要表达这样的意思时,引用这句诗是再恰当不过的。

> 但得夕阳无限好,何须惆怅近黄昏。
>
> ——吴兆江

"夕阳无限好,只是近黄昏"是脍炙人口的名句,我们耳熟能详,它出自唐代诗人李商隐的《登乐游原》:"向晚意不适,驱车登古原。夕阳无限好,只是近黄昏。"诗人登高远眺,看夕阳西下,不禁感叹:虽然夕阳无限美好,可惜的是已接近黄昏时刻。惆怅之情溢满诗行。

再来看我们分享的这副楹联,它表达的意思非常明确,说的是既然夕阳如此美好,那就尽情欣赏这壮美的景色吧,又何必伤感黄昏将近呢!特别是"但得""何须"两个词,用得更是洒脱、大气。

其实,仔细想想,恰恰是因为近黄昏,我们才能欣赏到夕阳西下的瑰丽景色。在欣赏完美的同时接受甚至欣赏不完美,这不仅是一种积极的心态,也是人生的大智慧。

同样的景色,不同的感触,不同的况味,这或许就是百态人生吧。在日常口语交际中,不管我们是想表达惆怅之情,还是想诠释旷达之意,都可以从夕阳和黄昏中找到最精彩的注解。

如果你累了,学会休息,而不是放弃。

——佚名

饿了就吃饭,渴了就喝水,累了就休息,这是再自然不过的事了。可是,在很多时候,不少人却把简单的事情复杂化了,在他们的思维模式中,累了这个信号所指向的不是休息,而是放弃。

所以,他们的口头禅就是:"我太累了,我不干了。"在影视作品中,这样的情绪常常会通过声嘶力竭的呐喊被渲染得更悲情,更撼人心魄。当然,我们也理解他们所谓的"累",绝不是一般意义上的疲惫,而是超过承受极限的心力交瘁。

但是,越是在这样难以承受的情况下,越不应该轻言放弃。正所谓物极必反,到了一定极限之后,也许一觉醒来,就会出现转机。所以,在身心俱疲的时候,我们要学会进行积极的心理建设,要告诉自己:"我只是累了,我需要休息,明天,一切都会好的。"就像小说《飘》的结尾所写,"毕竟,明天又是另外一天了"。同理,当我们身边有人心灰意懒想要放弃时,我们也可以用这句话来激励他们走出颓唐的阴影,坚强起来,乐观起来。

人生中的老师只有两个，一个是岁月，一个是骗子。

——朱德庸

从小到大教过我们的老师，怎么也得有十几乃至几十个吧？可为什么朱德庸说只有两个老师呢？在这里，朱德庸所指的并不是教授我们书本知识的老师，而是帮助我们获得人生经验的老师。

岁月带给我们的是成长。随着时光的流逝，我们会经历很多事情，增添很多阅历。二十岁时不明白的事情，过几年可能就想通了；年轻时的年少轻狂，随着时间的推移会沉淀为淡泊宁静、宠辱不惊，这是岁月赋予我们的人生智慧和人生财富。

骗子带给我们的也是成长。虽然被欺骗在情感上不好接受，但是，客观地讲，有被骗的经历也未必完全是坏事，因为很多时候，只有有了这样的经历，我们才能学会看清人的本来面目，不再轻信那些道貌岸然、花言巧语的人。

在涉及人生感悟等话题的演讲中，我们可以引用这句话，彰显我们思想的深刻性，同时也为语言增添一抹亮色。另外，当我们身边有人受骗上当、愤懑难平的时候，我们也可以用这句话来开解和劝慰他们。

> 活着不是目的，好好活着才是。
>
> ——［古希腊］苏格拉底

"活着"指的是苟活——这个人确实还没死，但已经没有了灵魂，没有了尊严，剩下的只是苟且偷安。像历史上有名的亡国之君——北宋的徽、钦二帝，在北国受尽屈辱，他们活着的仅仅是一具皮囊而已。"好好活着"的内核一定是有灵魂、有尊严地活着。"好好活着"固然包括物质层面的东西，但未必锦衣玉食、穷奢极欲地活就是"好好活着"。可能有的人物质生活比较清贫，但是他们有着非常丰富的精神世界，同样可以把清贫的生活经营得很洒脱、很快乐。网上有一句话说得特别好："我要的不多，一杯清水，一片面包，一枝花；如果奢侈一点，我希望水是你倒的，面包是你切的，花是你插的。"把平淡的日子过成诗，就是"好好活着"。

无论在演讲还是沟通中，对生活的感悟都是永恒的话题。引用这句话来阐述我们对生活的态度，一定会更有吸引力。同时，也可以为听众带来思考和启迪。

对失意人，莫谈得意事；处得意日，莫忘失意时。

——《格言联璧》

《格言联璧》由清代学者金缨编著，该书将流传于世的格言按照学问、处世、接物、齐家等类别编写，语言朴实、结构整齐、朗朗上口，特别适合在演讲和沟通中引用。

这句格言很好理解，前半句说的是如果我们身边有人在走"背字"，我们就不要对人家大谈特谈自己的成功，不要用你的得意去刺激人家的情绪，这是做人最基本的素养；后半句说的是得意和失意是可以互相转化的，人生有巅峰也有低谷，在得意的时候不要忘记自己失意的时候，也就是千万不要得意忘形。

虽然很好理解，却不容易做到。很多时候，人一旦得意就容易忘乎所以，说不该说的话，做不该做的事，很少能够顾及别人的感受，这也是人性的一大弱点。正因为如此，我们才更需要用这一格言时时警醒自己和他人，恪守为人处世的准则，注意做人的分寸和语言的分寸。另外，对那些被得意冲昏头脑，口出狂言、有意无意刺激别人的人，我们也可以用这句格言进行委婉的提醒和规劝。

贫寒更须读书，富贵不忘稼穑。

—— 清代学者王永彬

家境贫寒就更应该读书，大富大贵也不要忘记稼穑的辛劳。什么是稼穑？春耕为稼，秋收为穑，稼穑是农业活动的代称。因为我国古代是农业社会，以农为本，所以才有此一说。放到我们今天的语境，所谓稼穑辛劳指的是一切工作的辛劳。

所有人都应该读书，那些家里经济条件不好的人更应该读书。因为知识可以改变命运，发奋读书可以为自己和家庭带来转机。而对成功人士来说，不忘当初奋斗的艰辛则更为重要。只有不忘本、不骄狂，才能走得更稳当、更长远。

处于人生低谷的时候不怨天尤人、灰心丧气，而是用知识充实自己，为"起跳"积聚力量；处于人生之巅的时候不目空一切、颐指气使，而是不忘初心、珍惜所得，这是我们应该秉持的人生态度。我们既可以用这句话来加强自我修养，又可以在演讲中用来剖白心迹，或者作为一种倡导和号召，用这一道理影响更多的人。

人间不值得。

——李诞

著名脱口秀演员李诞发过一条微博，里面有这样一句："开心点朋友们，人间不值得。""人间不值得"听起来有一种看破红尘的沧桑和无奈，与当代年轻人的不安和焦虑相呼应，此言一出，立刻受到人们的追捧。

不过，如果完全从消极的角度理解这句话，那就有失偏颇了。连李诞自己都说所谓的"人间不值得"说的就是不要过分纠结于结果，自己努力了就好，努力之后一切都坦然接受，这也正是这句话的积极意义所在。

其实，"……不值得"的话我们常说，比如某人不值得，某件事不值得，等等。而把人间与不值得连在一起，则平添了一份戏谑的味道。我们生而为人，即使人间不值得，我们又能去哪里呢？一边是积极的疏导，一边是戏谑玩笑，深刻的道理融入了简单的句子，这就是"人间不值得"的群众基础所在。正因为有广泛的群众基础，不论是用这句话来开解他人，还是抒发自己对人生的看法，都很容易找到知音，引起共鸣，取得很好的表达效果，这就是流行语的魅力所在。

> **生活就是这样变幻莫测——一会儿是满天云雾，转眼间又出现灿烂的太阳。**
> ——［苏联］奥斯特洛夫斯基《钢铁是怎样炼成的》

《钢铁是怎样炼成的》是苏联作家奥斯特洛夫斯基的名著，这本小说影响了一代又一代人，相信很多人都会背那段脍炙人口的"人的一生应该这样度过……"。

《钢铁是怎样炼成的》的主人公保尔幼年家境贫寒，走上革命道路后历经种种困难的考验，后来因生病导致全身瘫痪、双目失明，被束缚在病榻上，一度产生过自杀的念头，真是"满天云雾"。后来他凭借顽强的毅力重新振作起来，用笔做武器，用生命写成小说《暴风雨所诞生的》，就像句子中所说"转眼间又出现灿烂的太阳"。

人的一生，永远鲜花铺地、永远顺风顺水的情况可以说少之又少。人生不是直线，而是一条起起伏伏的波浪线，跌入谷底的时候不要灰心，只要精神不倒，就一定能够走出生活的阴霾，拥抱灿烂的阳光。在演讲中，当我们要表达上述意思时，可以引用这句话来为表达增添色彩，如果能再辅以保尔自强不息的故事，说服力和感染力就更强了。

> 删除一生中的任何一个瞬间,我都不能成为今天的自己。
>
> ——[日]芥川龙之介

历史没有假设,人生也没有"如果"。我们之所以成为现在的我们,是由人生道路上的每一步,包括每一次成功、每一次失败、每一次机遇、每一考验……累积而成的。生活中的每一个瞬间叠加在一起,塑造了现在的我们。

在演讲中谈自己的个人经历是最感人的。不过,同样是讲自己的故事,如果只是把过去自己经历过什么、做过什么,流水账似的重述一遍,听众也未必就爱听,最好的方法是夹叙夹议。所谓夹叙夹议就是在讲自己故事的同时,融入自己对人生的看法,这样听众不仅是在听你的故事,更重要的是从你的故事中获得人生的启迪,这样就完美了。比如,老总们在讲创业经历的时候,就可以适时引用这句话,我们可以这样讲:"……日本著名作家芥川龙之介说'删除一生中的任何一个瞬间,我都不能成为今天的自己'。我要感谢这些'非人'的经历成就了我。我也想对大家说,生活中的每个瞬间都是我们前进的基石,苦不会白吃,罪不会白受!"如此,演讲者思想的深刻性就能得以更好地彰显,演讲也会更有吸引力。

> 人生的许多大困难，只要活着，没有什么是解决不了的，时间和智慧而已。
>
> —— 三毛

在生活的海洋中沉浮，每个人都不免会遇到困难，有些困难在当时看来似乎是永远无法解决的，是根本过不去的坎。随着时间的推移，际遇的改变，很多看似无解的问题到后来也就慢慢解决了。所以，人们才常说一句话："把问题交给时间。"

三毛的这句话讲的也是这个道理。不过在时间之外，三毛还强调了一个要素，那就是智慧。如果没有解决问题的智慧，很有可能日复一日，年复一年，困难还是困难，问题还是问题，无解还是无解。

只要有足够的智慧，只要肯静待时机，天大的困难终究都会得到解决。这样的状态就是从容而平和的状态。从容而平和的超然态度是困难的克星，是解决问题的关键。

这句话既是安慰身处困境中人的"开心钥匙"，也可以在演讲中引用，以表达演讲者对于困难与问题的深度思考，在彰显演讲者哲思的同时，也带给听众思考和启迪。

抬头自卑，低头自得，唯有平视，才能看见真实的自己。

—— 杨绛

著名作家、翻译家杨绛的人品和才华令人敬佩，她对人生的通达态度更是让人叹服。杨绛告诉我们："无论人生上到哪一层台阶，阶下有人在仰望你，阶上亦有人在俯视你，你抬头自卑，低头自得，唯有平视，才能看见真实的自己。"

自得与自卑最容易让人迷失。向上看，我们看到的是比自己强的人，会感到自己一无是处，一败涂地；向下看，我们看到的又是不如自己的人，难免会沾沾自喜，自鸣得意。

人还是那个人，只不过参照坐标变了，自我评价的标准也跟着改变了。实际上，这都是不真实的自己。只有平视，我们看到的才是真实的自己，才能在人生的坐标上找准自己的位置和方向，而不至于迷失自我。

这句话既有助于我们加强自身修养，养成谦虚平和的性格，又可以在以人生感悟为主题的演讲中加以引用，以增强演讲的思想性，凸显演讲者的底蕴，深化演讲的主题。

往事不要再提，人生已多风雨。

——歌曲《当爱已成往事》

一句"往事不要再提"，包含了所有刻骨铭心的记忆，"欲说还休"；一句"人生已多风雨"，道尽了人生的辛酸坎坷，"风刀霜剑"。生活已不易，过去的是非恩怨、爱恨情仇，对也好错也罢，说也说不完，讲也讲不清，所以，都"不要再提"了吧。

这不仅是一句歌词，更是我们所有人对人生的慨叹，因此，也引起了我们所有人的共鸣。我们可以把它镶嵌到以人生为主题的演讲中，以渲染演讲的氛围。此外，曾经发生过"故事"的人多年后再相逢，难免会有一些尴尬，而"往事不要再提"因其承载着谅解、看淡、释然等诸多情愫，既能展现讲话者豁达的人生态度，又可以很好地化解再见时的尴尬，可谓一"语"两得。

> 没有人的人生是完美的，但生命的每一刻都是美丽的。
>
> —— 电影《美丽人生》

如果单独看这句话，多少会有点矫情的感觉。但是，如果放在电影之中去品味，这句话带给我们的震撼又是如此强烈。《美丽人生》讲述了"二战"期间，一对犹太父子被关进了纳粹集中营。为了不让儿子幼小的心灵受到伤害，父亲对儿子谎称这是在做游戏，获胜者可以得到一辆真坦克做奖励。儿子在父亲苦心营造的乐观氛围中顽强地面对饥饿、恐惧、寂寞……故事的最后，父亲惨死，儿子得救，被美国士兵抱上了坦克。

即使是在有"人间地狱"之称的纳粹集中营，在生命中最暗无天日的时刻，父亲也用自己的乐观和智慧在阴沉沉的黑暗中扒开了一条缝隙，让一缕明亮的阳光照射进儿子的心中，成就了他人生中的美丽时刻。从人生的全景看，他们的人生是不幸的；但是，从人生的这一点看，"沉浸"在游戏中的他们的人生是美丽的。直面不完美甚至不幸的人生，创造属于自己的美丽时刻。在演讲和沟通中，当我们要表达这样的意思时，可以引用《美丽人生》的这句经典台词，同时，辅以《美丽人生》的感人故事，表达效果和感染力会更强烈。

> 人生总有许多意外，握在手里的风筝，也会突然断了线。
>
> —— 几米

这句话让我想起曾经看过的一则新闻：江苏两名市民在放风筝的时候突然遇到狂风大作，他们赶忙收线，但是风势太大了，收了一半的风筝线缠在手上，在强大风力的作用下变成了利刃，勒断了一人的四根手指和另一人的半个手掌，真是太恐怖了。在我们的印象中，放风筝是非常惬意、非常美好的，就像诗中写的那样："草长莺飞二月天，拂堤杨柳醉春烟。儿童散学归来早，忙趁东风放纸鸢。"可是，如此美好的画面，也会被意外撕扯得面目全非。不论是风筝突然断线，还是风筝线变利刃伤人，虽然都是小概率事件，但又都是那么真实地存在着。当然，这句话并不只是告诉我们意外的存在，更重要的是引发我们对意外的思考。当事情没有按照我们期待的轨迹推进，当意外打乱了我们的生活节奏甚至粉碎了我们的梦想时，我们该怎么办？接受意外，调整心态，远比愤愤不平、怨天尤人对我们更有益处。在日常口语交际中，我们既可以用这句话来开解那些走不出意外阴影的人，也可以在演讲中引用这句话，引出对如何对待意外的相关阐述，这样会使我们的表达更加自然，更有层次感，也更为流畅。

> 生活是那么的强大,它时常在悲伤里剪辑出欢乐来。
>
> —— 余华

这句话出自余华的《爸爸出差时》一文。该文以电影《爸爸出差时》为切入点,融入作者自己"文化大革命"时的所历所见所感,对电影、文学以及人生进行了深刻的思考。

在文章中,作者讲了这样一件事:他的一个同学的父亲在"文化大革命"期间被打倒,一天中午,他在街上看到了这对父子,父亲搂着儿子,儿子正在香甜地吃着父亲给他买的食物。然而,就在当天深夜,这位父亲自杀了。第二天上学时,同学一直在默默垂泪。大家拉他一起打乒乓球,在排队等打球的时候,他还在哭,但在接连赢球之后,他笑了。故事的后面,余华写下了我们今天看到的这句感人至深的话。

在演讲中,我们可以引用这句话来阐述生活实际上就是痛苦与欢乐互相切换的过程这个道理,激励人们即使在痛苦之夜也要点燃快乐之光。此外,我们也可以对这句话稍加改动,比如用"我一定要在悲伤里剪辑出欢乐来"来诠释自己积极昂扬、不向命运低头的态度,使我们的语言更具表现力和感染力。

> 承受痛苦是走向成熟的必由之路,任何人都不能回避。
>
> ——［美］斯科特·派克

《少有人走的路》是一本通俗而且伟大的心理学著作。"人生苦难重重,这是个伟大的真理。"斯科特开篇即这样写道。

"第一次说出了人们从来不敢说的话",这是大家对斯科特的评价。

很多人觉得,只有自己生活得很痛苦,其他人都生活得非常幸福,于是愤愤不平、怨天尤人。斯科特告诉我们,所有人的人生都是苦难重重、问题重重,而苦难与问题正是人们成长过程中的关卡,只有在直面苦难,调动一切积极因素去解决问题的过程中,人才能获得成长。如果一味回避苦难、逃避问题,人的心智永远都不会成熟,人的灵魂也会日渐枯萎。

正如婴幼儿的每一次生病都会增强身体机能一样,我们每遭遇一次苦难,每遇到一个问题,都会使我们的精神更饱满、更强大。人与人最根本的差别就在于遇到问题的时候是迎上去还是缩回去,不同的选择写就了不同的人生。

在演讲和沟通中当我们要表达这样的意思时,可以引用这句话,以增强语言的哲理性和感染力。

生命中最伟大的光辉不在于永不坠落，而是坠落后总能再度升起。

——［南非］曼德拉

曼德拉的一生波澜壮阔，充满传奇。他经历了二十多年的铁窗生涯，但是从未屈服，也从未向命运低头，即使被关押在与世隔绝的罗本岛秘密监狱，他也开垦出了一片菜园，并坚持锻炼身体。1990年曼德拉被无条件释放，1994年曼德拉成为南非历史上首位黑人总统。

光辉虽会暂时坠落，但坠落后总能再度升起，曼德拉用行动为自己的这句话做出了精彩的注释。换言之，是曼德拉的坎坷经历和不屈精神，为这句话注入了强大的力量，同时激励更多的人以积极的、顽强的态度笑对人生，这就是生命的弹性。

在演讲和沟通中，我们可以引用这句话来表达自己的人生态度或激励他人。比如，一位部门经理对一名在工作中出了差错的员工这样说道："你平时干工作还算有板有眼，这次为什么会犯这样的低级错误，自己要总结总结。不过,也不要一蹶不振。'生命中最伟大的光辉不在于永不坠落，而是坠落后总能再度升起。'尽快找回状态，振作起来，把下一个任务完成好！"

> 平静是最好的状态,无论是平静地拼尽全力,还是平静地等待结果。
>
> ——佚名

人最难做到因此也最可贵的就是平静地面对一切,无论内心多么翻江倒海,无论在做怎样的痛苦挣扎,表面看上去都是波澜不惊,从来不会把情绪写在脸上。只有内心足够强大的人,才能做到平静地对待这个世界,这是一种超然的境界,我非常欣赏这样的人生态度。

拼尽全力,就平静地拼尽全力,没有必要拉足架势,弄得全世界的人都知道。毕竟,努力是为了自己,弄得和表演秀似的就没意思了。同样,等待结果,就平静地等待结果,即使再焦虑、不安、期待,该来的总会来,不该来的也来不了。努力过了,一切随缘。

这句话很有味道,也很有启迪意义。我们既可以用来加强自我修养,也可以作为赠言送给身边的人,还可以在演讲中引用,以增强表达效果。比如,一位项目经理在工作总结会上这样说:"……最近一段时间大家辛苦了。有道是'平静是最好的状态,无论是平静地拼尽全力,还是平静地等待结果'。我们努力了,现在我们平静地等待结果。相信命运不会辜负我们!"

晴天时爱晴，雨天时爱雨。

——林清玄

有一个流传甚广的小故事，说有一个老太太，大女儿是卖雨伞的，小女儿是开洗衣店的。晴天的时候，她担心大女儿的雨伞卖不出去；雨天的时候，她担心小女儿洗的衣服晾不干，整天忧心忡忡，愁容满面。

其实，我们很多人都和这个老太太一样，既担心这，又担心那，总是处于焦虑之中，以至于我们既无法欣赏艳阳高照的美丽，也无法品味雨丝飘舞的意蕴。

生活中总会有这样那样的问题，关键是看我们以怎样的心态去对待这些问题。活在当下，"晴天时爱晴，雨天时爱雨"，可以使我们获得心灵的宁静，感悟生活的快乐。

在日常口语交际中，我们可以引用这句话来劝慰他人，帮助人们改变心态，以更豁达更积极的态度对待生活。另外，在涉及人生观、生活态度等话题的演讲中，我们也可以引用这句话来阐述我们的观点，以增强语言的表现力、说服力和感染力。

人情莫道春光好，只怕秋来有冷时。

——《增广贤文》

不要说人和人之间的交情像春光一样美好，只怕也会像秋天到来时一样寒冷。用一句流行语来诠释这句话，就是："掏心掏肺时说的秘密，到头来都成为伤害的工具。"

虽然无话不谈、亲密无间等是公认的朋友间的最佳状态，但是，我们也一定要对人性的复杂和善变有足够的心理准备。一腔赤诚未必总可以换来肝胆相照，好起来蜜里调油，恼起来拔"刀"相向的事，在日常生活中也是屡见不鲜的。

所以，我们在人际交往中要坦荡、要赤诚，同时也要为自己留有余地。"逢人只说三分话，不可全抛一片心"未必就是世故圆滑的代名词，有时候，它也是一种处世的智慧。

除了用于指导自己的人生，我们还可以在演讲和沟通中引用这句话，在为更多人带来启迪的同时，也使我们的表达更为丰满。

> 如果你们提前了解了你们要面对的人生，你们是否有勇气前来。
>
> —— 电影《无问西东》

这句话透过一个根本不可能存在的"如果"渲染了人生的艰难——如果我们预知了生命中要面对的困难，很多人恐怕就没勇气来人间走一遭了。当然，所有人来到这个世界都是身不由己的，不管我们有没有勇气，我们都已经被命运之手推入了滚滚红尘。所以，这句话中提出的问题实际上是一个根本无法回答的问题。

尽管问题无法回答，但这句话的表达方式还是非常值得我们借鉴的。我们都有这样的体会，很多时候直接的表达往往不如间接的表达效果好，就比如这句话，直接说人生不容易，我们的感触或许不这么强烈，但是换成如果能够预知要面对什么是否还有勇气来，人生的不容易一下子具体化了，大家的情绪也瞬间被激活了。除了学习和借鉴这种表达方式，我们还可以在演讲和沟通中引用这句话来表达生活本就艰难，我们要正视并勇敢地面对生活中的各种艰难困苦的意思。

> 假如生活中你得到的全是阳光，你就成沙漠了。
>
> —— 阿拉伯谚语

记得一首老歌中有这样的歌词："我们的生活充满阳光。"应该说，我们所有人都希望生活中没有乌云压顶、没有狂风暴雨，永远都是阳光明媚、晴空万里。我们且不说这样的期待能否变成现实，我们假设它可以实现，结果又会怎样呢？我想，大多数人肯定会说："那样的人生一定幸福死了。"果真如此吗？我们来看这句谚语。

阿拉伯地区多沙漠，这句阿拉伯谚语也是以沙漠为关键词的，它通过大家熟知的自然现象对人生进行了类比。如果一个地方终年阳光普照，没有降雨，久而久之就会荒漠化。我们的人生也是这样，艳阳高照、一帆风顺看起来似乎是好事，但是没有风吹雨打，人的潜能就不可能被激发出来，长期生活在顺境的舒适圈里，人的精神久而久之也就荒漠化了。

我们可以用这句话来开解和劝慰那些在生活的阴影中痛苦、焦虑的人。在以人生为主题的演讲中，我们也可以引用这句话来诠释人生需要经过风雨磨砺的道理，使我们的演讲在通俗中蕴含深刻，展现境界。

> 会成为什么样的人,全看重复做什么样的事。
>
> —— 亚里士多德

我们常说:"性格决定命运。"那么,性格又是怎么来的呢?性格有先天的成分,更主要还是后天养成的结果。这句话中的"重复做什么样的事",我们就可以理解为习惯、性格的养成。这是这句话带给我们的第一重启示。

在演讲中,我们可以引用这句话来强调习惯养成的重要性,比如,我们可以这样说:"'会成为什么样的人,全看重复做什么样的事。'从小严格要求孩子,就是为了使他们成为具有良好习惯的人。"

这句话带给我们的另一重启示是,目标的达成是坚持的结果,只要坚持不懈地在某方面努力,就一定会在那方面有所收获。天天坚持记日记,一定能成为文笔出众的人;天天坚持练演讲,一定能成为口才超群的人。在演讲中,我们可以引用这句话来强调坚持对做好工作、干好事情的重要意义。比如,一位部门主管对没做好工作的下属这样说:"'会成为什么样的人,全看重复做什么样的事。'我不信你多学几遍、把这个多做几遍还能做错。关键是你的心要在这里!"

> 我命由我不由天。
>
> ——张伯端《悟真篇》

"我命由我不由天"是一个道教术语，意思是我的命运我自己来掌握，不需要上天来决定。晋代道教理论家葛洪在《抱朴子·内篇》中写道："我命在我不在天，还丹成金亿万年。"

"我命由我不由天"是非常有生命力的一句话，从古至今广为流传。这句话借助国产动画电影《哪吒之魔童降世》被再度点燃，除了有其传统背景外，更有其现实意义。

我们每个人都是带着原生的"标签"来到这个世界上的，就像动画片中的哪吒是带着"魔丸"降临人世的。有的原生"标签"是我们不喜欢的，我们不希望这样的"标签"伴随自己一辈子，我们渴望改变，渴望由自己主宰自己的命运。所以，这句话是哪吒的呐喊，也是几乎所有人内心深处的最强音。

这句话可以用作演讲的标题，也可以在开场白中引用以激发听众的共鸣，或者在结尾部分引用，在进一步升华演讲主旨的同时，使结尾更有力度，更值得回味。

电影和人生一样,都是以余味定输赢。

——[日]小津安二郎

作为导演,小津安二郎这句话的核心词是电影,他认为电影应该要有余韵,要值得回味。其实,不只电影,小说、戏剧、人生……包括演讲都应该是有余韵的、经得起回味的。

无论是电影、小说、演讲还是人生,要营造一时的高潮并不困难,难的是当时光之流把一切冲刷模糊之后,还能在人们的记忆中留下一抹悠悠的余韵,这才是最难能可贵的。

所以,无论做人还是做事,无论是写文章还是做演讲,都不要图一时的热闹,一定要注重内在,要留给世人真正有价值的东西,这就是这句话带给我们的启示。当我们要表达这样的意思时,可以引用这句话来使我们的语言更生动鲜活。

顺理成章地,我们也可以把这句话中的"电影"改成"演讲",以说明演讲不能只做华而不实的表面文章,必须以饱满、深刻的内容取胜。只有给听众真正有价值的内容的演讲,才能走进听众的心灵,并在一个比较长的时间跨度内产生影响。

> 生活中最沉重的负担不是工作,而是无聊。
>
> ——[法]罗曼·罗兰

网上有一句流行语,叫:"一个月总有那么三十几天不想工作。"工作有的时候确实很累人,我们也都希望能卸下工作的负累,清闲下来,可是闲下来就真的惬意吗?这句话告诉我们,不一定。

和工作的忙与累相比,百无聊赖的空虚寂寞感,或许更让人透不过气来。很多人都有这样的经历,一天忙忙碌碌下来,身体上可能会很疲惫,心里面却觉得很踏实,至少不会有那种空落落的感觉。一旦无事可做,尤其是长时间无事可做,我们感受到的就不是轻松,而是内心无处安放的慌乱。除了吃好喝好、舒适安逸这些生理需求,人还有被社会承认、实现自身价值等精神需求,不做事固然是不累了,但满足这些更高层次的需求也就无从谈起了,这也是生命中不可承受之重。

当我们在某一瞬间觉得工作很烦、想要逃离的时候,不妨想想这句话,使自己重新点燃对工作的激情。另外,在演讲中,我们可以引用这句话来阐述工作对人生的重要意义,引导大家以更积极进取的态度对待工作、对待人生。

> 难过这个东西,难是难,终究会过。
>
> ——佚名

这句话说得非常巧妙,妙在它的道理,更妙在它的幽默。我们平时说起"难过"这个词的时候,多数指的是心境,比如,我心里非常难过;有时也指状况,比如这一关很难过,这个坎很难过,等等。

在这句话中,"难过"被说成"东西",从中透出的是不屑,是根本没把它当回事,在气势上可谓是不同凡响。再往后看就更有意思了。当我们说起"难过"的时候,我们是在用这个词来描述心态或状态,很少有人会把这个词拆成两个字去理解。

而这句话恰恰是把"难"和"过"拆开来说,不仅令人耳目一新,而且使人茅塞顿开。是啊,人生数十年,当我们回望来路的时候,我们会发现,当初的伤心难过,已经被时光慢慢治愈;当初的难关阻碍,已经变得微不足道。难是难,但终究还是过了,这就是人生的真谛。

在日常口语交际中,我们可以引用这句话来激励自己和他人不要被眼前的困境吓倒,要坚信一切的难终会过去,使我们的表达更生动有力。

生活是属于每个人自己的感受,不属于任何别人的看法。

—— 余华《活着》

我们生活于人群之中,不可避免地要被别人评价,正所谓"何人不说人,何人不被人说"。如何对待别人的评价?不同的人有不同的选择、不同的表现。

有的人过分在意别人的看法,一味顺着别人的评价去修正自己,最终窒息于他人评价的汪洋大海中,把自己的生活过成一地鸡毛;有的人跟着自己的感觉走,对他人的评价一笑置之,活得坦坦荡荡、潇潇洒洒。

这句话所主张的也正是第二种人生态度,它强调生活的本质在于自己的感受,而不是别人的评价。它告诉我们生活应该是随心勾勒的画作,而不应该成为任人涂鸦的断壁残垣。

我们周围经常有被他人的评价困扰的朋友,我们在演讲中也会阐述自己的生活态度。记住这句话,在适当的时候劝慰他人或者阐述自己的观点,可以使我们的表达更有内涵,更具文采。

> 只有永远躺在泥坑里的人,才不会再掉进泥坑。
> ——［德］黑格尔

如果一件事没有做成,人们心里或多或少会有阴影,只不过承受力不同的人,阴影面积大小不同罢了。下一次再遇到类似的事,人们就难免恐惧,害怕再次失败。

黑格尔所说的"泥坑",应该是困难与失败的泛指吧。身陷"泥坑"的感觉太不舒服了,谁都不想一次次经历。但是,磨难正是生活的常态,只有经历磨难,人才能成长。正所谓"一重磨难一重天",每战胜一次困难,人生就可以升华到一个新的高度。

如果掉一次"泥坑"就害怕了,打死也不愿意再经历了,那好,就地躺倒,永远把自己囚禁在阴影之中吧,这样,以后就再也不会跌落"泥坑"了,当然,这样的人生也不大可能再有"以后"了。

> 青春不是人生的一段时间,而是心灵的一种状况。
>
> ——[古罗马]塞涅卡

鬓边星星点点的白发,眼角浅浅的鱼尾纹,这些岁月的痕迹,都会使我们心生感叹:唉,老了!青春不再。青春真的稍纵即逝吗?塞涅卡的这句话告诉我们,所有人都有可能使青春永驻,因为青春不是以年龄为标准界定的,青春也不仅是浓密的黑发、光洁的皮肤、晶亮的双眸、健美的身材,青春在我们的内心。

心若飞扬,耄耋之年也是花样年华;心若沉寂,十八岁也会暮气沉沉。用梦想滋润心灵,永远充满激情,充满活力和创造力,青春就永远不会远离。

> 做你喜欢做的事,上帝会高兴地帮你打开成功之门,哪怕你现在已经 80 岁。
>
> ——摩西奶奶《人生永远没有太晚的开始》

摩西奶奶是自学成才、大器晚成的典范,她 76 岁才开始作画,80 岁举办个人画展,引起轰动。"做你喜欢做的事,上帝会高兴地帮你打开成功之门,哪怕你现在已经 80 岁",这是摩西奶奶用自己精彩的人生诠释的励志名言。

人生满打满算几十年,我们有时患得患失,有时犹犹豫豫,怨命运不公,怕努力太迟,如此一天天地晃过去,到头来还是两手攥空拳。摩西奶奶的故事告诉我们,从现在、从此时开始努力才是最重要的,只要用心去做了,再晚都不晚。

如果只是文字堆砌起来的空洞句子,这句话是没有说服力的。但是,摩西奶奶精美的画作和绚烂的人生使这句话铿锵有力、催人奋进。在演讲和沟通中,我们可以引用这句话来激发人们努力向上的热情,我们也可以以这句话为座右铭,激励自己去创造精彩的人生。

凡事都有偶然的凑巧，结果却又如宿命的必然。

——沈从文

一件事特别是一件影响深远的事发生以后，人们往往会不由自主地去想：这只是偶然、是巧合还是命该如此、是必然的结果？沈从文先生这句话，为人们的这一问题给出了答案。

这句话让我想起了我的一位学员。他工作能力很强，年纪轻轻就挑起了很多大项目。有一次，总公司领导来视察项目，他和经理一起去汇报工作。经理磕磕巴巴讲半天也没讲明白，眼看着领导的脸色越来越阴沉，经理再也没信心讲下去了。

他只得接过经理的话头儿，本想就是帮经理打个圆场，没想到他清晰的、有条理的介绍让领导刮目相看，不久即获得了提升。

他的经历，表面上看起来只是一系列偶然的凑巧：凑巧他和经理一起去汇报工作，凑巧经理没讲好，凑巧他学过演讲，能够进行高质量的表达。而这些偶然的凑巧之所以能这么"巧"地发挥作用，恰恰是因为职场人必须会演讲的大势所趋，这就是宿命的必然。

在演讲中，我们可以引用这句话阐述偶然与必然之间的辩证关系，揭示偶然成功的背后是自身努力加上大趋势共同作用的结果。相信这样一句朗朗上口又含义深刻的句子，一定会为我们的演讲增添色彩。

○ 世界观

> 当我猜到谜底，才发现，一切都已过去，岁月早已换了谜题。
>
> ——席慕蓉《谜题》

此句出自席慕蓉的《谜题》。《谜题》是一首爱情诗，更可以引发我们对人生的感慨。我们很容易把自己想象成诗句中的"我"，我们绞尽脑汁去猜一个谜题，好不容易猜出来，欣喜若狂地要说出答案的时候，愣住了，题目变了！我们得出答案的那道谜题早已翻过去了，一道新的题早已摆在了面前。

著名相声演员郭德纲说过，他事业艰难、生活困窘的时候曾经想过，等以后有钱了，一定要到麦当劳可劲儿吃。现在钱不是问题了，还是不能可劲儿吃，要为健康考虑。

在人生的道路上，我们会遇到各种各样的问题。每想清楚一个问题，每解决一个问题，我们都会对人生多一分理解，多一分感悟，也多一分把握。但是，当我们觉得自己已足够强大时，总会发现，更新、更难的问题还在后面，这就是人生的况味吧。当我们要抒发这种情感的时候，席慕蓉的这句诗就是不错的选择，它不仅能为我们的语言平添几分韵味，而且能使我们的讲话既形象生动又睿智深刻。

你不能指望在麦当劳吃佛跳墙。

—— 郭德纲

这话是从何而起的呢？起因是当年有人评价说"郭德纲在电视上的风采远不及在舞台上"，郭德纲对此回应说："电视更像快餐，你不能指望在麦当劳吃佛跳墙。"

这话回得真妙啊！麦当劳是快餐，以快制胜，和工序烦琐、慢工出细活的佛跳墙根本就是两种风格。如果在麦当劳非要吃佛跳墙，那就真的是强人所难了。

在这句话中，郭德纲既没有贬损麦当劳的意思，也没有抬高佛跳墙的意思，他只是在用这么一个非常形象的、大家都能一下子心领神会的类比，来说明要求要合理，要切合实际。

在人际交往中，我们会发现，对于他人提出的问题，直接回答有的时候并不是最好的选择，直接回答可能会搞僵气氛，而且会显得讲话者没有水平。这个时候，我们需要一个像郭德纲这样的巧妙类比，这样既可以彰显我们的语言智慧，又可以使讲话活色生香。

> 太阳太强烈,会把五谷晒焦;雨水太猛,也会淹死庄稼。
>
> ——《傅雷家书》

《傅雷家书》是著名翻译家傅雷及夫人写给孩子的家信摘编,文字隽永,见解独到,被誉为青少年思想教育的经典读本。我们分享的这句话,如果用一个字来解读,我认为这个字应该是"度",这句形象生动的比喻,诠释的正是"度"的重要性。禾苗的生长离不开阳光雨露的滋润,但是,阳光太烈、雨水太猛,超过了可承受的那个"度",就会事与愿违。

由此,我们可以联想到很多。比如,爱孩子要有度,过度就是溺爱;要求孩子也要有度,过度就是苛责。和风细雨、润物无声,只有在适度的范围内,孩子才可以茁壮成长。对孩子是这样,对员工也是这样,没有制度的约束,就会无组织无纪律;制度太过严苛,会诱发员工明里暗里的抵触,效果也不会好。只有把握好度,才有可能带出优秀的员工、优秀的团队。

> 凡事都有寓意，只要你肯去找。
>
> ——《爱丽丝梦游仙境》

《爱丽丝梦游仙境》讲的是一个名叫爱丽丝的女孩，从兔子洞进入一个神奇的国度，遇到许多会讲话的生物以及像人一般活动的纸牌，最后发现原来是一场梦。故事生动有趣，风靡全世界。

我们分享的这句话，是《爱丽丝梦游仙境》中公爵夫人对爱丽丝说的。爱丽丝觉得公爵夫人思索的事没啥寓意，公爵夫人告诉她："凡事都有寓意，只要你肯去找。"

虽然凡事都有寓意可能太绝对，但是，我们遇到的很多事情确实是有寓意的，像我们熟知的端茶送客就是这样。可是，在我们身边就有这样一些人，不知是头脑太大条了，还是太以自我为中心了，从不去理会他人言行中的寓意，我行我素，这是人际交往中的大忌。

这句话既启示我们做有心人，主动去探究事物背后更深刻的含义，更好、更得体地与他人沟通，同时，"凡事皆有……只要你肯……"也为我们提供了一个非常好的句式，可以丰富我们的表达。

> 人们往往做事不加考虑，事后却有闲空去思索追悔。
>
> ——［英］莎士比亚

相信这句话击中了很多人的内心。确实，在很多时候，我们不是被理性所支配，而是被情绪所左右。一事当头，我们常常会不加考虑地、本能地做出反应，而这样的反应往往又是鲁莽、幼稚甚至是愚蠢的。

"早知如此，我就不说那句话了""早知这样，我就不辞职了""我当初再坚持一下就好了"……不加考虑地做事，带来的就是诸如此类的、循环往复的追悔莫及。

和许多名言一样，莎士比亚这句话也是对现象的客观描述，他并没有告诉我们对还是不对。但是，从字里行间我们可以有所领悟。做事之前多花一分钟时间思考，别等到事后追悔莫及，这就是作者要告诉我们的道理。

在日常口语交际中，除了直接引用，我们还可以用"不要做事不加考虑，事后却有闲空去思索追悔"去警示他人；也可以用"奇怪了，人们往往做事不加考虑，事后却有闲空去思索追悔"来进行委婉的提示。

贪安稳就没有自由，要自由就总要历些危险。

——鲁迅

前几天看到一个小故事，说的是一只狼一整天都找不到食物，饿极了。这时，它看到了一只牧羊犬。牧羊犬说："你不要吃我，我把你带回主人家，你像我一样帮主人看护羊群，主人每天定点送吃送喝，你再也不用过吃了上顿没下顿的日子了。"

狼一听这个法子不错，就和牧羊犬一起往回走。忽然，它看到牧羊犬的脖子上有一圈稀疏的皮毛，就问是怎么回事。牧羊犬说："主人晚上会把我拴起来，早晨再放开。"那只狼听了，扭头就跑，边跑边说："我宁可饿死，也不能没有自由。"

我想，这个小故事应该是对鲁迅这句话最形象的诠释。要自由就要冒风险，要安稳就不自由，世间只有这两条路。所以，某些人幻想的既多金，又轻松，又安稳，还自由自在的工作和生活，是根本不可能存在的。要么安稳，要么自由，我们必须做出选择。在日常口语交际中，当我们要表达这样的意思时，可以引用这句话，使我们的讲话更有力；也可以引用这个小故事，使我们的语言更生动。

> 如果我只有一个小时砍倒一棵树,我会花四十五分钟磨快我的斧头。
>
> ——[美]林肯

如果我们用一把钝斧去砍树,就会非常吃力,花很长时间未必能砍倒一棵树。如果我们的斧头异常锋利,那么,我们花同样的力气,就可以比较轻松地把树砍倒。磨斧头看起来是在耽误时间,实际上是在争取时间,这是尽人皆知的道理。

与之意思相近的还有"工欲善其事,必先利其器"的古话和"磨刀不误砍柴工"的俗语。这些语句,都是在指引我们科学的做事方法,即做事之前要做好充分的准备,准备得越充分,做事才能更顺畅。

如果单单是砍树,大多数人能做到先磨斧头后砍树。可是,在更多更抽象的事情上,人们往往忽略了准备的重要性,常常是不管三七二十一,撸起袖子就干,结果干了个乱七八糟。所以,我们才更需要用这样形象的语句来提醒自己。在日常口语交际中,当谈及准备的重要性时,我们可以引用这句话,也可以引用刚才提到的古语、俗语等,以增强语言的穿透力和感染力。

> 你可以念旧,但别盼望一切如旧。
>
> ——佚名

世界上最公平的是时间,最残酷的也是时间。时间使年轻变成年老,时间使现在变成过去。因此,怀旧、念旧也就成了人类情感中永恒的主题。我们总爱怀念过去,但是,过去毕竟是过去,过去只在我们的记忆中才有颜色,不可能在现实中绽放华彩。

漫说时间无法倒退,就是我们真的可以回到过去,一切如旧也是不可能的。因为,岁月让我们多了很多当初不可能有的经历和感悟,我们无法抹掉这些再重新来过。如果真的回到过去,我们或许会发现,这个过去我们并不熟悉,这个过去中的人和事我们也并不见得喜欢,这应该就是成长吧。

"你可以念旧,但别盼望一切如旧",恰似对沉湎于过去、生活在记忆之中、无法面对现实的人的当头棒喝。话说得有些重,但不重不足以让人猛醒,正如治乱世必须用重典,治恶疾必须下猛药一样。我们可以用这句话来警醒自己或劝解他人,也可以把这句话融入演讲中,使我们的语言更有力量,更显深刻。

> 如果把世界上每一个人的痛苦放在一起，再让你去选择，你可能还是愿意选择自己原来的那一份。
>
> ——［古希腊］苏格拉底

这句话至少可以给我们带来两点启示：

首先，痛苦是普遍存在的。在这个世界上，每个人都有每个人的痛苦，并不是像我们想象的那样，其他人都是快乐的，只有自己是痛苦的。所以，才会有把"世界上每一个人的痛苦放在一起"之说。

其次，我们不是最不幸的。"当你抱怨没有鞋子的时候，还有人没有脚。"或许从我们个人的视角看，生活加在我们身上的痛苦已经太多，当我们变换一下视角，把生活中各种各样的痛苦和磨难放在一起的时候，我们就会发现，我们不是最不幸的，生活对我们还是客气的。

别人未必没有痛苦，我们未必比别人更痛苦，现在的生活可能让我们不太满意，可如果有机会重新选择，我们还是愿意选择现在的生活，因为和其他人比，我们还算幸运的，我们没有理由不心存感恩。当我们想表达这样的意思时，可以引用这句话，使我们的讲话更有哲理。

> 有的人，一辈子只做两件事，不服，争取，所以越来越好；也有人，一辈子只做两件事，等待，后悔，所以越混越差。
>
> ——佚名

这句话虽不是什么名人名言，却直白而有力，让人感触颇深。有时候，我们习惯用"命里有时终须有，命里无时莫强求"来安慰自己，可是，命运有时候真的是不好解说的。

比如，有的人身体残疾，在健全人生活都不轻松的当下，他们似乎就应该被命运固定在卑微、凄惨的生活轨道上，实际情况是，他们中的很多人比健全人活得还要精彩。应该说，是不服与争取带他们穿越了命运的阴霾，不服与争取或许也是他们的"命中注定"吧，正像那些生活在灰色调中的人，习惯和等待是他们的"命中注定"一样。

在演讲和沟通中，我们可以引用这句话来激发人们与命运抗争的勇气和力量，同时增强我们语言的感染力和号召力。

> 丑小鸭变成白天鹅，并不只是它有多努力，而是它的父母就是天鹅。
>
> ——佚名

丑小鸭变白天鹅的故事是我们的蒙童读物，这个美丽的故事曾经激励我们通过自己的努力改变命运。但是，在当今社会阶层固化越来越严重的大背景下，人们半真半假、半悲哀半戏谑地说出了这句话。

相信很多人都和我一样，并不会认真看待并相信这句话，人们之所以愿意这样说，也是一种无奈和自我解嘲吧。这不由得让我想起因演讲逐渐走入公众视野的刘媛媛，她在一次演讲中表达了这样的观点："命运给我的我不认，我要拼一把，即使输了有什么关系呢？本来我就一无所有。"同样的道理，我们又为什么认定自己变不成白天鹅呢？退一万步讲，即使变不成白天鹅，我已经是丑小鸭了，还能怎么样呢？

在涉及改变命运、与命运抗争等话题的演讲中，我们可以先引用这句话，然后，加上一个非常坚决的否定，并由此引出自己的观点。我们可以这样说："有人说……我却不这么看，我认为……"

> 有时候你以为天要塌下来了，其实是自己站歪了。
>
> —— 几米

每每读起这句话，我的脑子里总会闪过一幅画面：阴沉、倾斜的天空；阴郁、倾斜的人。这画面是如此压抑，又是如此震撼人心。

很显然，天要塌下来，指的是巨大的困难压顶，几乎已经到了无法承受的地步。而自己站歪了，则可以有不同的解读。比如，我们可以理解为对形势的误判，本来没到天塌的地步，是我们把问题想严重了；当然，我们还可以理解为缺乏战胜困难的勇气和信心，面对灭顶之灾，我们自己没有挺起腰杆，没有站直。

不管做何种解读，只要我们精神不垮，天就塌不下来，这就是这句话的核心，也是这句话传递给我们的强大力量。坚定信心、不惧艰险、迎难而上，不仅天塌不下来，我们还可以"胜天半子"。

在日常口语交际中，我们可以用这句话来开解和劝慰那些身处危难的人，也可以在演讲和沟通中引用，彰显不认命、不服输的气魄和必胜的信念。

好事坏事，终归，都成往事。

—— 张小娴

这句话有一点沧桑、一点怅然、一点达观。可以说，我们的人生之路就是由一件一件的事铺就的，这些事酿出了我们人生的味道，也造就了与众不同的我们。当我们渐渐老去，摊开手掌，慢慢咀嚼那满心满把的往事时，能否一笑而过？我们是否还能感受到当初的欣喜若狂或者天昏地暗？过去了，一切都过去了，唯有时间永恒，唯有命运的精彩不变。

遇到好事，不得意忘形；遇到坏事，不垂头丧气，因为好不可能永恒，坏也不可能永恒，享得了富贵，耐得了清贫，用自己的从容去面对尘世间的起起伏伏，这样的境界不是一般人能够达到的，却是我们应该追求的。这句话可以帮助人们看淡眼前事，活得更超脱一些。

当我们周围有人被厄运以及坏情绪所左右的时候，我们可以用这句话来劝慰他们。在以人生为话题的演讲和沟通中，我们也可以引用这句话来表达我们对生命和世事的理解和感悟。

有风方起浪,无潮水自平。

——《西游记》

此句出自《西游记》第七十五回:"行者道:'有风方起浪,无潮水自平。你不惹我,我好寻你?只因你狐群狗党,结为一伙,算计吃我师父,所以来此施为。'"

这句话说的是,有了风,水才能掀起波浪,潮水不来,水面自然平静。这讲的是自然规律,也引申为凡事皆事出有因,不会无缘无故。就像孙悟空所说的,"你们不算计吃我师父,我也不会来找你们的麻烦"。

我们设想一下,孙悟空不说这句俗语,直接说就因为你们要吃我师父,所以我就要来找你们麻烦,这样可以不可以?完全可以,这样足以把事情说清楚了。可是,我们琢磨琢磨,这样说是不是就少了点味道啊?没错,这样干巴巴地说出来,少了一股俏皮的味道,说服力方面也相对弱化了。这也正是俗语、成语、诗词名句,包括流行语在口语交际中的重要作用,它们可以增强语言的浓度,使语言更厚重,更有味道。这也是我们必须掌握的说话之道。

常将有日思无日，莫待无时思有时。

—— 冯梦龙《警世通言》

明代文学家、戏曲家冯梦龙在他的《警世通言·桂员外途穷忏悔》中写下这句话。途穷：路的尽头，比喻穷困的处境。人在穷途末路之时往往容易反思和忏悔，也会领悟到在顺风顺水的境况下领悟不到的人生真谛，就比如这句话。这句话的大意是：在过富有的生活的时候要想到以后可能会过贫穷的日子，不要到了一无所有的时候再来回想以前的美好生活。

所谓在生活富足的时候想到今后可能的贫穷，言外之意就是劝人们要懂得节约，要勤俭持家，不要铺张浪费。再引申一点解释，这句话是告诫人们要有危机意识，懂得居安思危。

在日常口语交际中，当我们要表达节俭、低调、居安思危等意思时，可以引用这句话。这句话虽然听起来比较老套，和"活在当下""潇洒走一回"等时代声音不太合拍，却是字字珠玑，警醒人心。无论是经营家庭还是经营事业，这句话所昭示的人生哲理都值得我们用心品味，积极践行。

已经结束的,已经结束了。

——印度谚语

这句话听起来像绕口令,仔细想一想,里面确实是蛮有智慧的。这句话中的第一个"已经结束",指的是现实中的结束;第二个"已经结束",指的是心理上的结束。

在很多时候,有些事现实中明明已经翻篇,可是我们心中的结依然在。一件事在时空的范围已经尘埃落定,但是,它在我们的内心深处远远没有雨住风收。我们会长久地、长久地纠结其中,甚至永远不能自拔。

这句话启示我们,调整好自己的情绪和心态,坦然面对命运加在我们身上的一切,已经结束的,不再纠结,因为任你再想它已然是过往,即使再不能接受,也要从心理上把这一篇翻过去,把它结束掉,轻轻松松地往前走。

我们可以用这句话来劝慰那些不能潇洒挥别过去的人,也可以在涉及人生感悟等的演讲中引用,增强语言的思想性和感染力。

> **有时候，不怪世界不给回声，只怪自己喊得还不够响。**
>
> —— 张皓宸《我与世界只差一个你》

在空旷的空间里，我们喊得声音越大，听到的回音也就越大，喊声和回声是成正比的。如果我们听不到回音，最合理的解释就是我们喊的声音不够大。再引申开来，"世界不给回声"，我们可以理解为没有得到世界的认可，或者所期望的结果没有达到；"自己喊得还不够响"，指的是还不够努力，或者所付出的一切还不足以换回应有的回报。

当为事情寻找原因的时候，人们一般会有两种方式：一种是归因于外——都是外界的问题，和我没关系；一种是归因于内——是我自己的问题。这句话就是归因于内的典型代表。在这句话中没有牢骚抱怨、没有怨天尤人，话锋直指自身的努力，醍醐灌顶，引人深思。

在日常口语交际中，当我们听到有人抱怨世界不公平，抱怨自己的努力没有得到应有的回报时，我们可以以这句话进行劝告和警醒。同时，在谈到付出和得到、努力和结果的关系时，我们也可以引用这句话，以增强我们语言的哲理性和感染力。

> 没有什么比时间更有说服力了,因为时间无须通知我们,就可以改变一切。
>
> —— 余华

这句话真是太有味道了。在这句话中,时间不再是一个抽象的概念,而是被赋予了生命的律动和力量。这份生命的活力,我们从句中的"无须""通知""改变"等词语都能真真切切地感知到。特别是"通知"这个词,"通知"分明是人类的行为,作者把这一行为赠予了时间,既俏皮又深刻,引发了我们的无限感慨。

是啊,无论是一个人从不谙世事到走向成熟的改变,还是沧海桑田、地覆天翻的时代巨变;无论是悲欢离合的人间故事,还是兴衰更替的历史记忆,时间所改变的这一切,什么时候通知过我们?时间又何曾认为有必要通知我们呢?没有!一切都在改变,在无声无息间,在一分一秒的流淌里,带着几分无奈,更带着几多感悟。

在日常口语交际中,在涉及时间、改变等话题的演讲中,我们可以引用这句话,为我们的语言增添深刻与优雅的元素。

> 也许地球只是天庭的监狱，因为你仔细观察人生，它到处都在受惩罚。
>
> ——［法］雨果《悲惨世界》

小说《悲惨世界》以法国大革命为背景，描写了农民出身的贫穷工人冉·阿让，为了让姐姐饿得嗷嗷直哭的孩子吃上东西而去偷面包，结果被抓进了监狱，坐了19年的牢。出狱之后，冉·阿让到处遭人白眼，仇恨社会。在主教的感化下，他改名换姓办起了工厂，成了富翁，甚至还当了市长。因为在底层苦苦挣扎过，所以，他帮助穷人，做了许许多多的善事。

作为传世的鸿篇巨作，《悲惨世界》对社会和人生的剖析让人非常震撼。我们分享的这句话，虽然有其特定的历史背景，但是，对今天的我们思考人生同样也具有启示作用。尤其是当我们遭遇人生的低谷，备受煎熬的时候，这句话就会像阳光一样穿透云翳，照进心扉。它告诉我们，生活的磨难是难免的，甚至是无处不在的，与其哼哼唧唧地抱怨人生，不如挺起胸膛去直面命运的考验。在涉及人生感悟等话题的演讲中，当我们要表达上述意思时，引用这句话也是非常合适的。

> 如果有天堂,天堂应该是图书馆的模样。
>
> ——[阿根廷] 博尔赫斯

"如果有天堂,天堂应该是图书馆的模样",这是多么美、多么让人神往的句子啊!不是爱书之人,说不出这样浪漫的话;不是爱书如命的人,想不出如此有韵味的话。

关于天堂,人们脑子里肯定有各种各样的设想。如果用一个词概括这些设想,这个词应该是美好。所有人都会按照自己心目中最美好的样子去设想天堂,于是,在爱书人的心目中,天堂就一定是图书馆的模样。

这句话,通过把天堂设计成图书馆的模样,表达了人们对知识的渴望和礼赞。我们可以用这句非常浪漫的话,点燃自己及他人对知识的向往,从翰墨书香中汲取智慧和力量。

同时,这也是一句非常适合套用的话,在演讲和沟通中,无论我们想要表达对什么东西的赞美和向往,都可以使用"如果有天堂,天堂应该是××的模样"这个句式。

人们看到的东西，不是眼睛决定的，而是脑子决定的。

—— 电影《寻龙诀》

这句话乍听起来似乎无厘头，看难道不是用眼睛吗？在某种特定的情境下，看还真不是用眼睛，而是用脑子。

举一个非常典型的例子。如果我们身边有人工作勤勤恳恳、早来晚走、无怨无悔，那么，是不是所有人都看到了他的敬业呢？非也！有的人看到的是他假积极、爱出风头、一心想往上爬……这样的意象显然不是由这些人眼睛决定的，而是他们的头脑决定的。

人们看到了什么，不完全基于事实，更多的是基于头脑中先入为主、根深蒂固的想法。也就是说，有时候人们是罔顾事实的，明明眼睛里看到的是美好，经过头脑的再加工就变成了虚伪，反之亦然。这就是这句话带给我们的启示。

显然，这句话诠释的也是人性。因此，我们在论及人性、人的狭隘等话题的演讲和沟通中可以引用这句话，既睿智又艺术地引出自己要表达的内容，使讲话更有质地感和层次感。

> 有时候真实比小说更加荒诞,因为虚构是在一定逻辑下进行的,而现实往往毫无逻辑可言。
>
> ——[美]马克·吐温

在我们的印象中,小说是虚构的,多有荒诞不经的情节,与小说相比,现实应该合理得多,也实在得多。马克·吐温告诉我们,其实不然。

小说再怎么虚构,都是按照一定的逻辑来的,换句话说,作者会给小说中的人物设计一个合乎逻辑,也合乎读者期待的命运轨迹。比如,在小说中,作者在给主人公设计磨难的同时,也势必会给他准备好一个强有力的帮助或者难得的契机。而在现实中,磨难就是磨难,现实不会按照磨难必须搭配帮助与机遇的标配出牌。

因此,我更倾向于把这句话中的荒诞理解为无常。正因为现实无常,才更需要我们自身的坚忍,才更需要我们在两眼一抹黑,不知明天会如何无助的状态下,顽强地与现实"周旋",直到给现实标注一个我们自己的逻辑。

当我们要表达上述意思时,可以引用这句话,为语言增色。

> 为了不让真理的路上人满为患,命运让大多数人迷失方向。
>
> —— 余华

我们都知道一句话,叫"真理往往掌握在少数人手中";很多人也看过一幅漫画:自动扶梯上挤满了黑压压的人群,而旁边的楼梯上少有人走。

一边是蜂拥而至的喧嚣,一边是超然世外的安静,这就是世俗生活的真实写照,也是这句话所诠释的道理,只不过这句话运用了比较委婉、含蓄的表述方法。

它说为了不让真理的路上人满为患,所以命运才让大多数人迷失了方向,其实,真理的路上是不会担心人满为患的,大多数人迷失方向也不是命运的刻意为之,而是人们自己选择的结果。这句话把所有这些都进行了朦胧处理,为人们迷失真理的道路找了一个不是理由的理由,给我们的感触反倒更加深刻。

在日常口语交际中,我们可以用这句话来感叹人们方向上的迷失,也可以把它镶嵌到演讲中,为不从众的人和思想加油鼓劲、喝彩点赞。

> 为失策找理由,反而使失策更明显。
>
> —— 莎士比亚

一旦失策,很多人都有一种本能的反应,那就是找理由,而且这理由多半还是外界的而非自身的理由。人们惯常的思维定式是,之所以会失策,不是因为我能力不行,而是因为什么原因对我的干扰和影响,一言以蔽之,失策怨别人,和自己没关系。

且不说这样生拉硬拽是多么滑稽可笑,就事论事,我们也应该清楚,纸里包不住火,事情是遮掩不住的,而且常常是越试图遮掩,显现得就越明显,正所谓欲盖弥彰。

所以,对待失策,最合适的做法应该是接受,是坦然面对、一力承担,拿得起放得下才是英雄本色,也有助于把失策所带来的不利影响控制在最小的范围内。

当我们身边有人为失策找一些不着边际的借口时,我们可以用这句话进行善意的提醒和劝解;同时,在相关话题的演讲中,我们也可以用这句话,使我们的表达更有说服力和感染力。

> 世界上有两样东西不可直视，一是太阳，二是人心。
>
> ——东野圭吾《白夜行》

这句话说得既文艺又精辟，带给我们深深的震撼。太阳不能直视，是因为它太明亮、太炫目了，而人心呢？人心不能直视，是因为人心中包藏着太多的丑恶和阴暗。

在现实生活中，我们或多或少都遇到过这样的事：表面上你好我好，背后却在使绊子；满嘴里讲的都是理想、信念，背地里却干着不可告人的龌龊勾当。这就像一枚硬币的两面，朝向我们的一面闪亮洁净，翻到另一面却丑陋污秽不堪。

所谓"不能直视人心"，不是说我们不应该去了解人性、看透人心，而是说当我们看到人性险恶、人心叵测的时候，内心深处涌起的那份无奈与悲凉。也就是说，这句话是以退为进，对人内心深处的丑恶进行了有力的鞭挞。

平时在论及人性、人心的演讲沟通中，我们可以引用这句话，使我们的语言更具文采，更有神韵，更显深刻。

> 盲目可以增加你的勇气,因为你无法看到危险。
> ——《格列佛游记》

这句话一针见血,既说中了一些人,又为我们所有人敲响了警钟。很多时候,人们之所以做起事来无所畏惧,天不怕地不怕,往往并不是因为勇敢,而是因为盲目。是盲目蒙蔽了人们的双眼,使他们看不到本应看到的危险,进而表现出了毫无理由的亢奋和毫无道理的勇敢。

我们都知道一句话,叫"无知者无畏"。其实,不仅无知可以使人无畏,盲目也可以使人无畏。只不过这样的无畏,都不是真正意义上的无畏,而是掩耳盗铃、外强中干,是坐在火山口上还浑然不觉。

《论语》有一句话:"临事而惧,好谋而成。"说的是一事当头要懂得畏惧,谨慎对待,通过周密的谋划把事情做成。可见,勇敢者不是不知道畏惧,而是不盲目地胡打乱冲,在谨慎对待风险、有效化解风险的基础上把事情做成。

在日常口语交际中,我们可以引用这句话来说明盲目的危害性,提醒人们做事情要谨慎,不能盲目冲动,意气用事,逞匹夫之勇。

> 猛虎在深山，百兽震恐；及在槛阱之中，摇尾而求食。
>
> ——《汉书》

猛虎在深山里，百兽感到恐惧，可它一旦落入陷阱和笼子里，便只能摇头摆尾向人求食。

世事无常，时移世易，相信看完这句话以后，诸如此类的词就会涌入我们的脑海。是啊，在深山密林中，老虎是百兽之王，威风八面；可是，一旦失去了这个舞台，只能落得个摇尾乞食的悲惨结局。

还有一句俗语，"得势的狸猫欢似虎，落魄的凤凰不如鸡"，描述的也是随着形势的变化，强弱关系被打破，重新洗牌的现象。

这句话至少可以给我们两点启示。第一，世界上没有永远的强势，也没有永远的弱势，一切都是在变化之中的；第二，要珍视我们赖以施展抱负的平台，因为，强与弱的转换往往和平台是高度相关的，平台不在，机遇丧失，强势也就无从谈起。在日常口语交际中，当我们要表达这样的意思时，可以引用这句话来增强表达效果。

> 命运要你成长的时候，总会安排一些让你不顺心的人或事刺激你，这是规律。
>
> ——佚名

当遇到不顺心的人或事的时候，人们难免心烦意乱、伤心不快。这句话从逆向思维的角度告诉我们，所谓的不顺心实际上是命运催我们成长而设置的关口，就像打游戏一样，要练到高级别，就必须过关。这样一想，我们就很容易释然了，种种不顺心想起来也就没有那么烦人了。

不过，这是人们在理智状态下的思考。实际上，当人们直面种种不顺的时候，很少有人会想起这样的忠告。其实，与这话意思相近的金句很多，我们也分享了不少，为什么我们还要旧话重提？原因很简单，就是为了让这样的观点在反复不断的刺激中潜移默化地影响我们，并变成我们自觉的行动，知行合一。至于运用，我们既可以用这句话来安慰那些被种种不顺折磨得不胜其烦的人，又可以时常用这句话来提醒自己，同时在适当语境的演讲中，我们可以从不畏挫折的角度展开论述，把它讲给更多的人听。

不是所有的花都适合肥沃的土壤，沙漠就是仙人掌的乐园。

——佚名

对这句话，从不同角度会有不同的解读。从人际交往之道来理解，一片好心地给仙人掌浇水，这或许就是人与人之间不能心有灵犀一点通的一个重要原因。就像网上流行的那个笑话，我爱吃香蕉，你却给我苹果，因为你喜欢吃苹果，你就认为苹果是最好的。

记得著名企业家董明珠曾经有过一番感慨，她说："有人觉得我天天工作那么辛苦真可怜，我不觉得自己可怜，相反我倒觉得那些天天无所事事、打麻将的人才是真的可怜。"

有人喜欢安逸，但并不是所有的人都喜欢安逸。你觉得某件事情好，并不是所有的人都觉得这件事情好。不分青红皂白地把自己认为好的事情强加在别人身上，就如同给仙人掌浇水施肥一样，毫无益处。

在日常口语交际中，当我们要阐述人与人之间应该换位思考、相互理解、不能强加于人等观点时，引用这句话无疑可以增强表达效果。

> 最聪明的处世之术是，既对世俗投以白眼，又与其同流合污。
>
> ——佚名

可能有人觉得"投以白眼"和"同流合污"矛盾，我倒觉得，处世的聪明与智慧恰恰就蕴含在这看起来的矛盾中。"对世俗投以白眼"指的是坚持自己的操守，不向世俗屈服，不向权贵低头；"与其同流合污"并不是在世俗中随波追流、丧失自我，而是巧妙周旋、与狼共舞。

如果我们用一个成语去诠释这句话，那最合适的成语非"外圆内方"莫属了。圆指的是圆通，方指的是方正，外圆内方比喻为人处世表面圆通豁达，内心却有固守的准则。

我们生活在世俗之中，谁也无法把自己和世俗切割得一清二楚，如果一个人总是以愤世嫉俗的姿态出现，以蔑视一切的态度与人交往，像带刺的玫瑰摸不得、碰不得，久而久之必会被社会所排斥，任你再有一腔雄心壮志也难有施展的舞台。只有外圆内方，我们才能与社会、与人群相容，也才会有机会去实现自己的理想抱负。当我们要表达这样的意思时，可以引用这句话，为我们的语言增色。

> 你说我是错的,那你最好证明你是对的。
>
> ——[美]迈克尔·杰克逊

我们经常会遇到这样的情况,某人疾言厉色地指责别人这也不对、那也不对,似乎只有他自己才是真理的代言人,只有他自己才是绝对正确的。

对这样的人,这句歌词就是最好的回应。你说我不对,是吧?我不和你争论我究竟是对还是不对,既然你认为我不对,那好,你证明你是对的,你能够证明,我就服你,我就承认我不对!

这一招对那些惯于指手画脚、空口说大话的人是很有杀伤力的。

可能有人会想,为什么要这么不客气地回击这些人呢?因为这些人的行为方式非但毫无建设性,而且往往还会扰乱正常秩序。特别是在一个团队中,如果一些人在埋头干工作,另一些人却在这不对、那不对地挑毛病,作为领导就应该义正词严地批评和制止,否则就会挫伤干工作的人的积极性,影响士气和工作效率,更会给团队建设带来负面影响。

雪崩时，没有一片雪花觉得自己有责任。

——［波兰］斯坦尼斯洛

众所周知，雪崩是一种自然现象，大量积雪从高处突然崩塌而下，如千军万马般奔腾咆哮，会造成十分严重的危害。

任何一片雪花凭一己之力都是没有能力造成雪崩的，但是，所有的雪花聚集在一起，在大家合力的作用下，雪崩就发生了。这就如同在工作中，一个人不负责任，不会对工作造成致命的危害，但是，你也不负责任，他也不负责任，大家都不负责任，这个合力聚集在一起，很有可能就会让我们的工作雪崩。

自然界雪崩时，没有一片雪花觉得自己有责任；工作雪崩时，没有一个人觉得自己有责任。实际上，所有雪花、所有人都逃脱不了干系。所以，与这句话相对应的还有另外一句话，那就是"雪崩时，没有一片雪花是无辜的"。

如果你是团队领导者，当你的下属千方百计推脱责任时，你可以用这句话来给出有力的回应，促其醒悟。另外，在涉及责任与担当等话题的演讲中，我们也可以引用这句话，使我们的语言更深刻，更有哲理。

> 社会就像是一棵爬满猴子的树，往上看都是屁股，往下看都是笑脸，左右看都是耳目。
>
> ——佚名

这句话运用的是类比思维，它把社会比作一棵树，把社会成员比作爬在树上的猴子，那些比我们爬得高、地位高的人，给我们的是冷漠（屁股）；那些在我们之下、不如我们混得好的人，给我们的是奉承（笑脸）；而在我们左右，还有一群和我们爬得一样高、虎视眈眈、随时想一脚把我们踹下去的人。

应该说，这句话很"毒"也很精彩，一语道破了人情冷暖、世态炎凉。咱们对比一下，如果直接说社会上有不少人媚上欺下、尔虞我诈，会不会像这句类比一样震撼？肯定不会！在日常表达中，我们会发现：生硬地讲大道理或者直白地叙述，其表达效果都不及一个恰当的类比。今天这句话，既可以让我们对演讲中的类比有更直观、更深切的感受，又为我们讽刺、鞭挞社会的丑恶现象，提供了更鲜活、更有讽刺性和穿透力的语言素材。

> 一饮一啄，莫非前定；兰因絮果，必有来因。
> ——《如懿传》

《如懿传》对兰因絮果的解释是男女姻缘初时美好，最终离散。为什么这么解释呢？这里面有一个故事。相传在春秋时期，郑文公的侍妾梦见天女赠给她一朵清幽的兰花，不久她便与郑文公结成了夫妻。所以，后来人们就用"兰因"比喻像兰花一样美好的前因，而"絮果"则比喻像飞絮一样离散飘零的凄惨结果。

不管是"兰因絮果"这个词，还是"一饮一啄，莫非前定；兰因絮果，必有来因（像饮食这样的小事，都是有定数的；初时美好结果悲切，也是有它本来的原因的）"这句话，实际上讲的都是因果，都是在劝人要把一切看淡。

其中虽然有一些消极因素，但是，在浮躁的社会中，这也不失为一剂静心的良药。我们可以用这句话来宽慰自己或劝慰别人不要太极端，不要太拧巴，要接受那些我们无法改变、不好接受的事实，使内心变得宁静。另外，在适当的语境，我们也可以适时地把"兰因絮果"嵌入自己的演讲，描摹初时美好结果凄清的状态以及对此的惋惜之情。

> 我宁愿要无法回答的问题,也不要不能质疑的答案。
>
> ——[美]理查德·费曼

有一句古话叫"尽信书则不如无书",告诉人们不能盲目迷信书本,不能书上说什么就是什么,要有自己的判断。美国物理学家、1965年诺贝尔物理奖得主理查德·费曼的这句话阐述的基本也是这个道理。一个问题有答案固然好,但这个答案应该是开放的,是允许讨论,甚至是可以质疑的,否则,真不如没有答案。

如果一个人的思维被禁锢在"唯一""绝对正确"的答案上,丧失了自主思考的勇气和能力,那将是一件十分可怕的事情。科学家需要质疑精神,我们在日常生活、学习和工作中同样需要质疑精神。在日常口语交际中,我们可以用这句话来鼓励他人独立思考,大胆质疑,不要一味地听信别人给出的答案,使自己的大脑成为别人思想的跑马场;另外,在相关主题的演讲中,我们也可以引用这句话作为开场白,在吸引听众的注意力的同时,快速而准确地切入演讲主题。

> 时来天地皆同力,运去英雄不自由。
>
> ——罗隐

此句出自唐代诗人罗隐的《筹笔驿》,筹笔驿位于四川广元,相传诸葛亮出兵伐魏时曾在此驻军。在《筹笔驿》这首怀古诗中,罗隐写道:诸葛亮承刘备三顾茅庐的情义出山辅佐,北征东讨、出谋划策,立下了盖世奇功。诸葛亮病逝后,魏将攻蜀,谯周劝刘禅投降,把蜀中大好河山轻易抛弃,诸葛亮如果泉下有知应该恨透了谯周。世事沧桑,一切都过去了,只有筹笔驿岩下的流水涓涓流淌,好像在怀念蜀相诸葛亮。《筹笔驿》带给人沧桑之感,尤其是"时来天地皆同力,运去英雄不自由"一句更是让人感叹。

好的时机来到,天地都会为你出力;时运不济,英雄也身不由己。虽然听起来有一些宿命的味道,但也是对世事无常、英雄末路的慨叹。我们可以引用这句诗抒发对人生的感慨,同时,也可以借以安慰时运不济、经历坎坷的朋友,表达自己的同情和理解。

> **满脑子天真想法的人,在社会上吃点苦头也是好事。**
>
> ——[日]东野圭吾《解忧杂货店》

在人们的心目中,天真是一个非常美好的词。但是,我们有没有想过,对不同的人而言,天真有着截然相反的内涵?对于孩子来说,天真意味着可爱。如果一个小孩子工于心计,丧失了天真烂漫的本性,那这个孩子该是多么可怕啊;对成年人来说,天真则意味着幼稚。如果一个成年人过于简单,毫无成熟理性的思维,这样的成年人也是挺可悲的。

成熟理性是社会对成年人的要求。作为社会人,我们必须符合社会期待,如果我们的表现不符合社会的标准,社会就会用它特有的方式来塑造我们,这些方式中就包括让我们在一次次碰壁、一次次吃苦后汲取教训,获得成长。所以,这句话虽然听起来有点冷,甚至有点残酷,但非常真实,也非常中肯。在日常口语交际中,我们可以引用这句话来敦促人们丢掉不切实际的想法,承担起自己应该承担的责任,做一名合格的社会人。另外,我们也可以用这句话来安慰那些因过于天真而被社会"教训"的人,鼓励他们不要灰心丧气,尽快成熟起来。

> 生米煮成熟饭也别得意忘形,很多熟饭最后可都泡了汤。

——佚名

"生米煮成熟饭"是出镜率很高的俗语,几乎人人都会说,大家经常用生米煮成熟饭来形容一件事胜券在握、大功告成。可是,这句话偏偏带着我们往下想了一步,生米煮成熟饭以后真的万事大吉了吗?没有,因为在我们的日常生活中,还有出镜率同样很高的"汤泡饭"。

"汤泡饭"就是把剩下的米饭放在汤里泡一泡吃,既可以充饥,又不浪费,这是"泡了汤"的本意。当然,"泡汤"还有引申义,那就是没指望了,落空了。我们说一件事泡汤了,意思就是说这件事完了,没戏了。

把这些意思串联起来我们就很清楚了,在这里,"泡了汤"一语双关,它是在警醒我们"熟饭"都有可能"泡汤",做事就更应该谨慎,即使是我们觉得非常有把握的事情也有可能出现各种不可控的情况,所以,凡事都要沉住气,稳扎稳打,踏踏实实迈好每一步,千万不要高兴太早,更不能得意忘形。在日常口语交际中,当我们要表达这样的意思时,引用这句话既能很好地说明道理,又风趣幽默,让人过耳不忘。

> 不知命，无以为君子；不知礼，无以立也；不知言，无以知人也。
>
> ——《论语》

不懂得天命，就不能成为君子；不知道礼仪，就不能立身处世；不善于分辨别人的话语，就不能真正了解他。在孔子看来，知命、知礼、知言是为人处世的根本。所谓知命，就是知天命，明白事物发展的客观规律，洞察世事，这样才能成为人们敬重的君子；所谓知礼，就是通晓礼仪规范，按照社会的要求行事，这样才能被社会所认可；所谓知言，就是要理解别人的语言，特别是要理解别人语言背后的深意，这样才能更好地了解别人。

有人说中华民族是不善言表的民族，他们的论据就是孔子的"君子讷于言而敏于行"。我认为，所谓的"讷"不是木讷而是谨慎，孔子不是不让人们开口，而是让人们谨慎开口，说负责任的话，而不是信口雌黄说大话。通过这句话，我们可以更加感受到孔子对语言的重视。实际上，自古以来，中国人都是很注重表达的，比如唐朝选拔官员的标准就是身、言、书、判，说话是居于第二位的。古人尚且如此，更不要说现代人了。要想更好地立足于社会，我们就更应该锤炼自己的语言表达能力和理解能力。

> 命运偶尔会留意到你，发现你太过安逸，他觉得这样会毁了你，于是帮你改变。
>
> ——易术《没有梦想，何必远方》

这句话所要表达的意思不外是安逸会毁掉一个人，而命运的磨难恰恰是对人的强刺激，这个强刺激会促使我们跳出舒适区，在艰难困苦的洗礼中成就更好的自己。

我们经常会抱怨命运的不公：为什么别人都顺风顺水，只有我磕磕绊绊？为什么别人都幸福快乐，只有我艰辛备尝？同样是面对命运的磋磨，易术这句话展现出的则是不一样的气度。

这句话告诉我们，正因为命运留意我们、眷顾我们，才安排相应的"刺激"去激发我们的潜能，推着我们向前走。这句话中还有一个颇有深意的词"偶尔"，如何理解"偶尔"？生活中的磨难不是常态，挺一挺就过去了，这就是"偶尔"。我经常说，同样的话从不同的角度表现出来，其效果天壤之别。同样是谈命运的磨难，这句话的角度是感恩，是把磨难当作机遇，彰显了乐观自信的气势。

地狱空荡荡，魔鬼在人间。

——［英］莎士比亚

这是莎士比亚的《暴风雨》中的名句，真可谓是字字千钧，震撼人心。记得有另一句话："从地狱到天堂，我路过人间。"天堂、人间、地狱，代表着三种不同的价值取向，天堂代表的是神圣和关爱，人间代表的是世俗和欲望，地狱代表的是仇恨和邪恶。

圣者入天堂，魔鬼下地狱，这本是人们的共识。而这句话说的是地狱里面空空荡荡，本应该在地狱接受惩罚的魔鬼跑到了人间，虽然并没有明说魔鬼在人间做了什么，但是基于它们邪恶的本性，魔鬼为害人间的事实是不言自明的。"地狱空荡荡，魔鬼在人间"这句话是对人世间邪恶最有力的控诉，因为我们已经找不到以"人"为主体的词语去表述，所以，只能诉诸"魔鬼"。在幼儿园虐童、网戒中心电击、恶性伤医等令人发指的新闻下面，我们都可以看到网友以这句话来宣泄心中的义愤，这同样也是我们的心声。除此之外，我们还可以在演讲中以这一名句作为开场白，引出我们对社会丑恶现象的控诉与鞭挞，以铿锵有力的语句调动听众的情绪，烘托演讲的效果。

如果你在工作中没有受过气,那你肯定没有工作过。

——《福布斯》杂志创办人马尔科姆·福布斯

这句话非常中肯,非常实在。它告诉我们,只要工作就会遇到烦恼,就会有不愉快,这是普遍存在的现象,就像人只要活着就必定要面对无穷无尽的问题一样。

相信大家都看过不少"鸡汤"文,告诉我们工作中的烦恼不可避免,但是,这些"鸡汤"文总不如福布斯这句话对我们的触动大。因为这是企业大佬对工作的理解,它让我们切切实实地感受到上至老板下至普通员工,谁都逃不掉工作不愉快的魔咒。既然如此,我们为什么还要纠结其中不能释怀呢?

在日常口语交际中,我们可以用这句话来安慰那些因为在工作受了气而心情苦闷、情绪低落的人;同时,在相关话题的演讲中,我们也可以以这句话作为开场白,引出我们对工作的思考,倡导大家以更加包容和积极的心态对待工作中的人和事,形成更为健康和谐的工作氛围。

魔鬼也会引证《圣经》来替自己辩护。

——［英］莎士比亚《威尼斯商人》

这真是让人过目不忘的句子。魔鬼对《圣经》是不可能有哪怕一点点虔诚的，但是，为了达到自己的目的，为了证明自己，拿来用用又何妨？对魔鬼来说，《圣经》不是信仰，而是取利的工具。

魔鬼引证《圣经》替自己辩护的讽刺故事，在现实生活中也屡见不鲜。有这么一些人，他们为了达到自己的目的，惯会用口头上的真善美、用仁义道德去包装自己、取信他人，并以此为掩护，做不可告人的"魔鬼"勾当。

既然魔鬼都会引证《圣经》，我们在与人交往的过程中，就更应该提高自己的洞察力，不能只被表面的漂亮话所迷惑，要听其言，更要观其行。另外，对那些明明用心险恶，却还要巧言令色为自己辩解的人，我们可以引用这句话进行暗讽，暗示他们我们已经看穿了一切。当然，如果有人就是不知趣，暗讽对他们不起作用，那就直截了当地告诫他们吧，我们可以这样说："你说了这么多，我只想告诉你一句话，'魔鬼也会引证《圣经》为自己辩护'，还是别白费力气了吧。"

> 人不要在说明事实的理论上打圈圈,应该配合理论的说明,慢慢解开事实真相。
>
> ——柯南道尔《福尔摩斯》

很多人都看过《福尔摩斯》,不过,大家可能更多的是被书中扑朔迷离的情节所吸引,很少会注意其中的语言。这句话就是出自《福尔摩斯》。

之所以想和大家分享这句话,是因为我觉得抛开分析案情、揭示事实真相的原意,这句话还可以引申到我们的口语表达中,给我们的演讲和沟通提供切实的指导。

从这句话中,我们可以得到怎样的启示呢?说白了就是表达时不要把过多的注意力放在对于理论的阐述上,原话就是不要"在理论上打圈圈"。我们应该怎么做呢?要"配合理论的说明,慢慢解开事实真相"。

也就是说,我们的表达一定要落地。我们不是不可以谈理论,但是谈理论是为说明事实服务的。再进一步说,我们的演讲不能只在空洞的理论层面展开,那势必是干瘪无趣的。我们要把理论和事实结合起来,赋予演讲以"血肉之躯",这样的演讲别人才爱听,才有生命力。

看起来像是几何问题,其实是函数问题。

——[日]东野圭吾《嫌疑人 X 的献身》

这是《嫌疑人 X 的献身》中的罪犯(一个天才数学家)的惊人之语,也是这本书的主线。其实,我们都有这样的体会,几何题未必简单,函数题未必复杂。人们通常会对事物有一个先入为主的判断,这一判断有时候是正确的,有时候是错误的。就如同解数学题,明明是函数题,我们第一眼却觉得这是一道几何题,于是就会沿着这个方向,按照解几何题的方法去解这道题,最后得出的答案当然是不正确的,因为我们一开始的方向就错了。所以,这句话要告诉我们的是,凡事不能靠直觉、凭经验、想当然,一定要了解事物的本质,弄清事情的实际走向,然后再去行动。同时,这句话也提示我们,当一件事的结果过于吊诡、过于不可思议的时候,我们就要思考自己是不是把"函数题"当成了"几何题",然后尝试换一个方向去思考和解决问题。

在日常口语交际中,当我们要表达不要想当然、先入为主,要及时变换思路、转换角度,或者表达事情远不像我们想象的那么简单等意思时,引用这句话不仅恰到好处,而且形象生动,耐人寻味。

> 事不三思终有悔，人能百忍自无忧。
>
> ——冯梦龙《醒世恒言》

《醒世恒言》是明代文学家、戏曲家冯梦龙纂辑的白话短篇小说集，与《喻世明言》《警世通言》合称"三言"。

这句话出自《醒世恒言·一文钱小隙造奇冤》，讲的是江西景德镇一个烧窑人的妻子杨氏给了儿子一文钱去买辣椒，儿子在路上遇到了小伙伴，两个人赌钱玩，儿子把一文钱赌输了。杨氏久等儿子不归，出门去看，正看见儿子和小伙伴厮打着要那一文钱。书中写道：杨氏只该骂自己儿子不该撅钱，不该怪别人。况且一文钱，所值几何，既输了去，只索罢休。单因杨氏一时不明，惹出一场大祸，辗转地害了多少人的性命。正是：事不三思终有悔，人能百忍自无忧。意思是："做事要三思而行，不然一定会后悔；人应该懂得隐忍，这样才不会有忧愁。"这个故事很容易让我们想起重庆公交车坠江事件，同样因为一件微不足道的小事——坐过站，白白赔上了十几条无辜的性命。

所以，我们应该牢记这句话，经常用这句话来告诫自己或劝慰他人不要做情绪的俘虏；另外，在涉及控制情绪、懂得忍耐等话题的演讲中，引用这句话以及这个小故事，会使表达更鲜活，也更能说明问题。

竞争并不是推动人类前进的动力，嫉妒才是。

——［美］巴菲特

这是一句颇具调侃意味的话，既幽默又辛辣，非常有冲击力。嫉妒之心人皆有之。只不过，有的人嫉妒心很强，很极端，极端到他们一旦嫉妒某人，非要想方设法置对方于死地不可。相声演员郭德纲所说的"只有同行之间才是赤裸裸的仇恨"，描绘的也是这种极端的嫉妒。极端嫉妒导致对抗，魔高一尺，道高一丈，争斗的过程又何尝不是进步的过程呢？当然，在寻常人的世界中，嫉妒可能不会如此天雷地火，它更多的是一种郁积于心的小情绪、小疙瘩。嫉妒一方面让人不痛快，另一方面又能激发人的好胜心。你好我就比你还好，你优秀我就要比你更优秀。

所以，无论从哪个角度理解，说嫉妒是推动人类前进的动力也还是有一定道理的。正因为如此，这亦庄亦谐的句子不仅能够为我们的语言表达增添一些幽默的元素，还能引发人们对嫉妒的辩证思考。在适当的语境引用这句话，既可以彰显演讲者思想的深刻性，又可以语出惊人，从独特的视角启迪听众的思维，给听众带来全新的感受。

权,然后知轻重;度,然后知长短。

——《孟子·梁惠王上》

权的意思是称量,度的意思是度量。这句话的意思是说:只有用秤称一称,才能知道轻重;只有用尺量一量,才能知道长短。

当然,孟子的目的并不只是讲这个尽人皆知的常识,而是要通过这个常识引出他的观点:对外物要用标尺度量,对自己的内心更要如此,即"物皆然,心为甚"。

不过,放在我们当代的语境之下,除了这句话的本意之外,我们还可以用这句话来强调规则的重要性。

在工作中不乏这样的现象,明明有规章制度,有一些人就是不按规章制度去操作。这就如同明明有秤、有尺摆在那里,他们偏偏要去随便估一估一样。如果你是团队领导者,你可以引用这句话,在团队内倡导并推行严谨认真的工作作风,告诉大家凡事都要以事实为标准,按流程去操作,不能想当然、凭经验给出一个大概齐或模棱两可的结论。相信这智慧的话语一定可以为我们的表达助力。

> 投石击水,不起浪花,也泛涟漪。
>
> —— 电视剧《天道》

我们投一颗石子在水里,虽然翻不起大的浪花,但总能在水面荡起层层涟漪,这就是这句话的本意。既然有本意,肯定就有引申义。引申义是什么呢?

首先,这句话告诉我们任何努力都值得尊重。只要行动了,就必然能够带来改变,哪怕是极轻微的改变,正所谓"念念不忘,必有回响"。一点一滴的努力、一点一滴的改变汇聚在一起,就是巨变的"浪花"。

其次,这句话告诉我们不要轻视任何人。哪怕是一粒小小的石子,也能在水面上荡起波纹,焉知生活中平平常常的"小人物"不能影响事情的进程?不能成就惊天动地的业绩?

在演讲中,当我们要表达上述意思时,可以引用这句话来为演讲增色。我曾经辅导过一位学员做竞聘演讲,结尾是这样的:"……我相信'投石击水,不起浪花,也泛涟漪'。如果竞聘成功,我将从一点一滴的实事做起,扎扎实实推进各项工作,实现业绩和效率的全面提升。对此,我充满信心!"

世间所有的相遇,都是久别重逢。

—— 白落梅

这句话很文艺,或多或少还透着一丝矫情,不过真的很美!这句话很容易让我们想起《红楼梦》中宝黛初见时贾宝玉脱口而出的那句:"这个妹妹我曾见过的。"宝黛本来素未谋面,但相见之时,黛玉觉得宝玉"何等眼熟",宝玉更是直言曾见过黛玉,这是何等感人的旷世奇缘啊!

这样的缘分不仅存在于文艺作品中,也存在于我们的现实生活中。有时候,明明初次见面的两个人,却有神交已久的感觉;有时候,无意中回眸看到的那个人,会让我们觉得在哪里见过。应该说,所谓久别重逢,烘托的正是人与人之间的相知,在吟诵友情和爱情的同时,也包含着对他人的隐性赞美。在朋友聚会上,我们可以这样说:"'世间所有的相遇,都是久别重逢。'缘分让我们走到了一起,能与大家相遇是我今生的幸运。时光不老,我们不散!"相信这样的表达可以使聚会更加温馨、感人。

> 小鸡没孵出来之前,别忙着去数数。
>
> ——《伊索寓言》

为什么小鸡还没有孵出来的时候不要忙着去数数?因为不是所有的鸡蛋都能孵出小鸡,其间有诸多不确定因素在起作用。如果在小鸡没孵出来之前就忙着去数数,忙着去计算不确定的收益,到头来现实和理想之间的差距往往会让人沮丧。

这句话简单直白,寓意深刻。在现实中,很多人都会提前计算收益,会对未来抱有非常乐观甚至是不切实际的憧憬,却往往忽略了存在于现实和未来之间的很多不确定因素。

当人们盘算着预期中的收益并为此兴高采烈的时候,恰恰是给自己埋下了一颗烦恼的种子。甚至可以说,此时的开心有多强烈,面对现实的郁闷也就有多强烈。

不要沉浸于幻想中的收益,不要透支对未来的预期,这就是这句话带给我们的启示。除了用来自警,我们还可以用这句话来委婉地提示他人,不要过分乐观地预估未来,要考虑到影响结果的不确定性因素。

在这些平凡的世界里，也没有一天是平静的。

——路遥《平凡的世界》

  我们经常会感叹生活的千篇一律，也偶尔会厌倦时光的波澜不兴。但是，路遥告诉我们："每个人的生活同样也是一个世界，即使最平凡的人，也得要为他那个世界的存在而战斗。"所以，平凡的世界里没有一天是平静的。

  这句话确实很让人感慨。表面上看，我们日复一日地上班下班，吃饭休息。可是，要在工作中取得成绩，哪怕至少保持不落人后，我们就一时一刻也不能松懈。为了给自己和家人创造更好的生活，我们更是要铆足了劲往前奔。每一天，我们都在应对不期而至的问题；每一天，我们都在克服大大小小的困难；每一天，我们都在为更好的明天积聚能量。我们的日子就好像是一盘端上桌的水饺，表面上看平淡无奇，但是，在装盘上桌之前，它们经历的是锅中的沸腾翻滚。对人生的感悟是热门话题，也是出现频率很高的演讲主题。在此类演讲中，我们可以引用这句话，并围绕它展开自己对人生的思考，阐述自己的主张。这样既可以很好地串联起演讲的内容，又可以使表达更为深刻。

匿病者不得良医。

——董仲舒

"匿"在这里是隐匿、隐瞒的意思。汉代著名思想家、政治家董仲舒的这句话是说，一个人如果隐瞒病情就得不到很好的医治。我们都熟知扁鹊与蔡桓公的故事，扁鹊是盖世神医，屡屡提醒蔡桓公有病，但蔡桓公拒不承认，以致病入膏肓，神医也回天乏术。

当然，这句话中的"病"既指疾病，也可以引申为人的缺点、错误。和隐匿病情一样，如果一个人对自己的缺点和错误遮遮掩掩，实际上也就错失了得到别人批评指正的机会，这样人又如何能进步呢？

在日常口语交际中，我们可以引用这句话来告诫人们不要讳疾忌医，要勇于承认自己的不足，接受别人的批评帮助，使自己变得更优秀。

时间是一个掷骰子的儿童，儿童掌握着王权！

——［古希腊］赫拉克利特

我们现在常说一个词"熊孩子"，"熊孩子"这个词透出的是成年人对那些无法无天、胡作非为又很难控制的儿童的无奈。"熊孩子"本来就够让人头疼的了，偏偏"骰子"还在他们手里，他们游戏似的随便一扔就能决定输赢，你说这可怕不可怕？

在这句话中，哲学家告诉我们，时间就是掷骰子的儿童，对它没有道理可讲，它想怎样就怎样，随便扔、随便掷，世人的一切都在它的肆意妄为中被改变，一代又一代。

这句话非常残酷，给人带来既冰冷又真实的感觉。确实，不管我们愿意不愿意承认，我们都无法逃离时间的掌控，时间也在毫不留情地改变着我们。在演讲和沟通中，我们可以引用这句话来表达时光的残酷，抒发我们对时间的敬畏，引发人们对时光与岁月更深刻的思考。

> 樵夫的斧头，问树要斧柄，树便给了他。
>
> ——［印］泰戈尔

斧头的把是用木头做的，斧头又是用来砍树的。树把自己身体的一部分给了樵夫，樵夫借此对树构成更大的伤害，这是一个多么无厘头的逻辑，又是一个多么悲情的寓言。

在生活中，我们可以很容易找到这一寓言的对应戏码。比如，过分宠溺孩子的家长，孩子要什么，家长都无条件地满足他们，哪怕是以牺牲自己为代价，而孩子却不体察父母的艰辛，不知感恩，一味索取，一再伤害父母的感情。对于此种现象，我们就可以引用这句诗进行抨击。

我们也可以引用这句诗来表达积极的情感。正所谓"工作虐我千万遍，我待工作如初恋"，我们可以以树自比，表达不管工作的斧子砍我们多少下，要我们付出什么，我们都无怨无悔的主旨。比如，在竞聘演讲中我们可以这样开场："我非常欣赏印度诗人泰戈尔的名句：'樵夫的斧头，问树要斧柄，树便给了他。'像'树'一样对待工作、无怨无悔地付出，这是我的选择，也是我来参加今天这次竞聘的初衷……"

> 我们仰望着同一片天空，却看着不同的地方。
>
> ——日本动漫《秒速五厘米》

这句很有情调，含义非常丰富。在日常演讲和沟通中，我们该如何使用这句话呢？

首先，我们可以取其原意，表明人与人之间的不同。为什么"我们仰望着同一片天空，却看着不同的地方？"因为我们的心境不同、感悟不同、看法不同、关注点不同……虽然我们都做着仰望天空的动作，但是，我们内心的所思所想是不一样的。这样的况味，颇有近在咫尺、远在天涯的感觉。当关系非常密切的人出现分歧的时候，可以引用这句话来表达我们的无奈与失望。

其次，我们可以取其引申义，暗示彼此目标不同。别看这句话说起来有一丝柔弱和伤感的味道，如果我们发散一下，同样可以用它的言外之意进行非常有力的表达。比如，我们可以引用这句话来暗示竞争对手，虽然大家在做同一件事，但是市场空间就像天空一样广阔。大家各有所长、各有侧重，都可以在广阔的"天空"中找到自己的目标和位置。这样意味深长的表达方式，有助于我们彰显智慧，展现风采。

> 我相信人，但是我不相信人性。
>
> ——张爱玲

无论在影视作品中，还是在现实生活中，"我是好人，你一定要相信我"之类的话不绝于耳。平心而论，难道人们真的不愿意相信他人吗？并不是！恰恰相反，信任是人之所向。关于信任，人们不是不愿，而是不敢。人是单纯的，但人性是复杂的。无论是多么亲近的人，无论是多么有交情的人，在某些事关自身利益的时刻，都难保不会为了顾"己"而舍"人"。民族英雄岳飞蒙冤被害的故事尽人皆知。岳飞之死，固然是受奸臣陷害，但是，岳飞曾经最为信任的部将王贵背叛他，诬告他谋反，是把岳飞推向深渊的罪魁祸首。

"我相信人，但是我不相信人性"，这句话既是对信任的渴望，更是对人性丑恶一面的控诉。生活在人群当中，一方面我们要有足够的善良，同时，也要对人性之恶有清醒的认识。洞悉人性，对职场人，特别是企业老总、团队领导者来说是十分重要的。在日常工作中，我们可以借这句话委婉地暗示自己对某人的不信任。同时，也可以在涉及人、人性等相关话题的演讲中引用这句话，以增强表达的力度。

> 事实上黑暗本身是不存在的,它们只是缺少光线的照射罢了。
>
> ——《苏菲的世界》

《苏菲的世界》是挪威作家乔斯坦·贾德创作的一部长篇小说,通过一名哲学导师向一个叫苏菲的女孩传授哲学知识的经过,揭示了西方哲学史发展的历程。

相信很多人和我一样,在看到这句话之前,从来就没有想过黑暗本身是不存在的。看到这句话之后,一下子觉得它说得也是蛮有道理的。当我们深夜归家的时候,黑暗是那么真实地扑面而来。可是当我们打开灯的时候,黑暗立刻消失得无影无踪,就像从未存在过一样。

我们的人生中也难免会有"黑暗"时刻。当周围漆黑一片的时候,恐惧与焦虑都无济于事,我们要坚信"黑暗"不是铜墙铁壁,我们要坚信肯定会有一束光来驱逐黑暗。这句话突破了我们的惯常思维定式,从与众不同的视角出发,引导我们以乐观、积极、辩证的态度看待人生中遇到的问题,有高度、有内涵、有创意。

> 如果这个世界对你不理不睬,你也可以这样对待它。
>
> —— 电影《狮子王》

所谓"世界对你不理不睬"指的是世界漠视你,轻蔑你,忽略你的存在。当然,世界是由人构成的,说是世界,实际上指的就是他人。当他人对我们不屑一顾、不友好的时候,我们该怎么办?这句话的后半句给出了答案——"你也可以这样对待它"。这并不是对对你轻蔑的人也表现出轻蔑,并不是在态度上争个谁短谁长,而是不理会他人轻视的目光,努力提升自己,活出自己的精彩,以自己的实力向世界证明自己的存在。

必须承认,人群中确实有弱肉强食的丛林法则。当我们还弱小的时候,是缺少和世界对话的资本的。我们可以换个角度想一想,自己本来就弱,又怎么要求别人的重视呢?如果又弱还玻璃心,最后痛苦的只能是自己。

我们可以用这句话来安慰失意的朋友,引导他们把来自外界的不公、嘲讽等看得淡一些。同时,也可以在演讲中引用这句话,激励人们在挫折和逆境中忍辱负重、发奋努力、强大自己。

> 越过山丘，才发现无人等候。
>
> —— 李宗盛

有人曾感叹："年少不听李宗盛，听懂已是不惑年。"把人生写进歌里，李宗盛带给我们的不仅是音乐，更是对人生的感悟。我们分享的这句话，出自他的《山丘》，其中有几许苍凉、几分无奈、几多思索。支撑我们越过山丘的，是心中的希冀，是山丘后有人等待的愿望。但是，当我们筋疲力尽地翻过山丘，却发现眼前空无一人，能够与我们相伴的唯有自己，其中的怅然与心酸，没有孤独过、没有失意过、没有被生活抛弃过的人是无法体会的。或许人生本就孤独，或许生命中有太多的望而不得。不管怎样，生活还要继续，不管前面有没有人等候，不管旅途中有没有人陪伴，该翻越的一座座山丘，我们还是要翻越，这是成年人无法逃避也无从逃避的宿命。也正是这样一种情愫，拨动了千万人的心弦，让人们心潮翻涌。

在演讲和沟通中，当我们要表达上述意思时，引用这句歌词不仅能更好地诠释我们的思想，而且能使表达更富文艺色彩，也更有韵味。这是一句大家耳熟能详的歌词，引用它可以有效引发听众的共鸣，使演讲抵达听众的内心。

> 大凡高度的概括，总带有想象的成分。
>
> —— 黄仁宇

在《万历十五年》中，黄仁宇教授是在谈及先贤朱熹的哲学思想时说这句话的。我们在这里不谈哲学，只讨论这句话对我们的思维模式和行为模式等能带来哪些启示。

无论是对人还是对事做出判断，都必须建立在事实的基础上。比如，我们认为某个项目有潜质，必须源于对这个项目的全方位评估；我们说一个人思维缜密，必须是看到他把所有细节都考虑周全、安排妥当……也就是说，我们的判断是要有事实可以追溯的。

如果我们只是概括地说这件事可以做、那件事不能做，这个人好、那个人不好，并没有相应的论据来支撑我们的观点，那么，这里势必就有想当然的色彩了，而凭借想当然去做决断显然是不科学的。

如果你是老总或团队领导者，当下属给了你一个高度概括的方案时，你可以用这句话来提醒他们不能大而化之，要落实细节，拿出具体的操作方案，从而引领团队建立起科学的思考和行为模式。

在世界的大钟里面，欢乐是推动齿轮的动力。

——［德］席勒

  这句话出自席勒的《欢乐颂》，又称《快乐颂》。《欢乐颂》是诗人应邀参加婚宴，为现场的欢乐氛围所感染而写成的，贝多芬为《欢乐颂》谱曲，使之成为永恒的经典。

  这句话很容易让我们联想起外国电影中经常出现的钟楼，以及钟楼上硕大无比的钟表。在诗人的眼中，世界就如同大钟，而欢乐就是钟表上的发条，只要拧紧欢乐的发条，世界的大钟就会充满动力。

  再引申开来，欢乐又何尝不是我们每个人生命的动力呢？我们都有过这样的经历，当我们觉得很开心很快乐的时候，周围的一切都是美好的，整个人也是活力十足的；而当我们情绪低落的时候，即使是湛蓝的天空在我们的眼中也是灰色的，我们整个人也会变得有气无力。

  在演讲中，我们可以引用这句诗来诠释欢乐对生命的意义，倡导以乐观积极的态度对待人生，使我们的生活充满色彩，动力十足。

> 蛾扑火，火焦蛾，莫谓祸生无本；果种花，花结果，须知福至有因。
>
> ——《菜根谭》

飞蛾是因为主动去扑火才会被火烧焦，所以，不要说灾祸的产生是没有缘由的；果实种下去开花，花落了又结果，所以，我们必须知道福气的到来是有原因的。

这句话讲的是福祸皆有缘由。正因为如此，当遭遇困顿不幸的时候，与其怨天尤人，不如想一想是不是由于自己飞蛾扑火般的轻率举动使自己陷入了麻烦中；同样的道理，当有人运气超好，干什么成什么的时候，我们也要清楚，我们看到的只是他们的好运气，没有看到的是他们为好运气所做的积累和努力。

这句话，一方面有助于我们对人生的祸福有一个正确而客观的认识，使我们在任何时候都能保持健康、平稳的心态，生活得更加从容、达观；另一方面，在相关话题的演讲中，我们也可以引用这句话，阐述祸有源、福有因的道理，并从中引申出要想避免陷入被动，就必须深思熟虑，不能草率行事；要想获得成功，就必须有足够的准备和努力的道理，使我们的表达更富哲理，更显深刻。

> 太阳虽好,总要诸君亲自去晒,旁人却替你晒不来。
>
> ——梁启超《学问的趣味》

这句话出自梁启超的《学问的趣味》,话本身并不难理解,梁启超通过晒太阳要自己晒的类比,告诉我们学问的精妙、学问的趣味必须自己亲自去体会,别人代替不了。

诠释类似意思的句子,我们分享了不少,像"一个人只能为别人引路,不能代替他们走路",表达的也是这个意思。很多事都是需要人们亲自体验的,人生缺少了积极的作为、主动的体验,必将黯淡无光,这是我们必须明白的道理。

回到梁启超的这句话。在演讲中,我们既可以直接引用,也可以套用。直接引用时,我经常会这样说:"梁启超说过'太阳虽好,总要诸君亲自去晒,旁人却替你晒不来',所以,学演讲,大家一定要上台去练,要自己用心体会,光听是听不会演讲的。"如果要套用,我们可以这样说:"成功虽好,总要我们自己努力去争取,旁人替是替不来的。"

谎言是真相的影子，而影子下的东西，我们只能想象。

——［日］东野圭吾

说谎一向被认为是道德水准低下的表现。但是，谎言和谣言不同，它并非完全无中生有。很多时候，人们说谎是迫不得已的，就像东野圭吾前一句话所写："人们为了逃脱罪责而说谎，为了努力生存下去而说谎。"当我们觉察到某人在说谎的时候，不妨透过谎言，去挖掘影子下面的东西，分清是善意的谎言还是恶意的谎言，是刻意杜撰的谣言还是不得已而为之的谎言。

可能有人会问，这么做有什么意义呢？不管原因如何，撒谎就是撒谎了，这本身就是错。但我们也不要忘记女作家张爱玲有一句名言："因为懂得，所以慈悲。"当我们懂得一个人，了解他为什么会撒谎的时候，或许就能设身处地、换位思考，能够懂得。

当然，我不赞成说谎，哪怕是为了生存或者为了逃避责任，说谎都是错误的。但是，从另一个角度看，这句话可以让我们学会用更广博的心胸、更慈悲的目光去看人，去理解人性的复杂。同时，也提醒我们要有洞穿现象、看清本质的能力。

> 命运从不敲门,也不询问,它习惯破门而入。
>
> ——[德]威廉·格纳齐诺

这句话让我想到威尔·史密斯的电影《当幸福来敲门》。在日常口语交际中,我们可以把"幸福"置换成很多词语,以表达不同的意思,像"当机遇来敲门""当幸运来敲门""当考验来敲门",等等。

当然,我们也可以用"命运来敲门"来表达我们对命运改变的预知、预判或者是渴望。比如,我们可以用"倒霉了这么长时间,我也该转转运了,我甚至感觉到命运来敲门了"来表达我们对未来的信心,彰显积极、乐观的心态。

那么,这句话为什么又说命运不会敲门呢?我认为,这只是一个表达角度的问题,它通过"不敲门""不询问""破门而入"这样的词语,强调的是一种猝不及防的命运的改变,是在人们还来不及反应、来不及准备的情况下突然发生的变故。

这句话比较适合用来描述在毫无准备的情况下遭受命运打击的感受,也能比较形象地诠释命运的不可捉摸、不好把握。在围绕"命运"展开的演讲和沟通中引用这句话,能够更好地拓展内容,并进行更生动、更形象的表达。

> 一滴水，用显微镜看，也是一个大世界。
>
> ——鲁迅

一滴水，普通得不能再普通，寻常得不能再寻常，可是，如果我们把这普普通通的一滴水放在显微镜下去放大，呈现在我们眼前的就是一个我们想象不到的大世界，这种景象和感受是很让人震撼的。水是这样，人何尝不是如此呢？在日常工作和生活中，我们会接触到许许多多的人。他们大多数人看起来似乎没有什么特别之处，但是，如果把他们放在显微镜下，我们就会看到他们异常丰富的内心世界。

其实，我们可以顺着这个路径再往下推，任何事在其表象之下都有着极为丰富的内涵。所以，如果我们的认知和分析只建立在我们所见到的表象的基础上，缺乏深入洞察的能力，那么，我们对人和事物就不可能得出全面且公正的结论。

在演讲和沟通中，我们可以引用这句话来说明看人看事要注重细节，要具备通过细节去分析和把握整体的能力。比如，我们可以这样说："鲁迅曾说：'一滴水，用显微镜看，也是一个大世界。'这件事表面看起来是没什么，但是，我们需要往深里去看，要去把握那个令人震惊的'大世界'。"

> 你简单,世界就是童话;你复杂,世界就是迷宫。
>
> ——[日]宫崎骏

几乎没有人不向往童话的世界,尽管大家都知道童话世界只是文学家笔下的一个梦,不过,我们还是可以在现实生活中为自己营造童话中的那份温馨和美好的,用什么来营造呢?用我们简单的心。

比如,早上出门挤地铁的时候,旁边的人重重地踩了你一脚,如果你想得简单,那么,这就是对方的无心之过,挥挥手就过去了,对方肯定也会感谢你的大度,大家其乐融融。

如果你想得复杂,那么,这就是对方故意为之,不能就这么算了,如果就这么算了,就显得自己太窝囊了。这样一想,一场冲突就很可能爆发,大家的世界也会随之变得纷乱。

在演讲和沟通中,我们可以引用这句话来阐述不要把人和事想得过于复杂,尤其是在一些无关大局的寻常小事上,更应该简单一些,甚至糊涂一些,这样,更有助于建立和谐的人际氛围和工作氛围,使我们的世界更接近大家向往和期待的童话世界。

> 当人是兽时，他比兽还坏。
>
> ——［印］泰戈尔

我们都知道一句话："流氓不可怕，就怕流氓有文化。"泰戈尔这句话诠释的也是这样的道理。我们说，人之所以为人，在于人的高智商，更在于人的情感、良知以及人对道德、法律与规则等的遵从。

人一旦堕入"兽"的行列，在私欲的支配下完全跟随动物性的本能行事，良知、道德、法律等对他们都将统统不起作用，再加上他们比兽更聪明，欲望比兽更难满足，所以，他们就成了比兽更可怕的人，就像有文化的流氓做坏事更损、更绝一样。

我们渴望社会是美好的，但也必须正视社会的复杂性。社会上总有一些泯灭良知、无视法律、破坏规则、道德沦丧的人，他们的贪婪、他们的凶残比野兽更甚。对这样的人，我们可以用这句话来进行鞭挞和抨击。举例来说，制售假冒伪劣产品的行为是我们深恶痛绝的，对这样的人和事，我们就可以引用这些话来表达激愤之情。

一代人终将老去，但总有人正年轻。

—— 刺猬乐队《火车驶向云外，梦安魂于九霄》

我们不能不被这句透出淡淡的忧伤又饱含着希望的歌词深深打动。人的一生就像太阳，从旭日初升，到如日中天，再到夕阳西下，这是谁也逃不掉的客观规律。别人衰老的时候，我们正年轻；我们衰老的时候，又有年轻的一代活力四射。因为总有人正年轻，我们的社会才会永远进步，永远生机勃勃，永远充满希望。因为一代人终将老去，在由年轻走向衰老的过程中，才更要疯一次，狂一把，留下自己的印记。

这句歌词非常适合作为寄语送给年轻人，激发他们拼搏向上的热情。我听一位老总在新员工入职演讲中这样结尾："最后，我想用一句歌词和大家共勉：'一代人终将老去，但总有人正年轻。'我由衷地希望，年轻的你们迅速融入公司的大家庭中，用你们的智慧、勤奋和努力开创属于你们的时代！"

除了激励，我们还可以用这句歌词表达对人生、对逝去的感慨。

> 我们一路奋战，不是为了改变这个世界，而是为了不让世界改变我们。
>
> ——韩国电影《熔炉》

从某种意义上说，改变的背后是妥协。在生活中，有些妥协是必要的，比如，恋人、家人、朋友之间，彼此愿意照顾对方的感受，愿意为了相处得更融洽而收敛锋芒，这样的改变是温暖的，是浪漫的。

从另一个角度讲，改变的背后是随波逐流，甚至是助纣为虐。像《熔炉》中讲述的聋哑学校性侵事案，有的人因胆怯沉默和逃避。人世间的污泥浊水，使有的人向不该妥协的妥协，发生了不该改变的改变。

正因如此，这句话才会触动我们的心灵。我们一路奋战，一路抗争，没有太崇高的目标，就是拒绝丑恶、胆怯、自私的基因将我们改变！

这句话铿锵有力，在适当的语境中，我们可以引用这句话来表明自己的观点和主张。

我们没有做错什么，但不知为什么，我们输了。

——诺基亚前 CEO 约玛·奥利拉

这句话听上去真是让人心里酸酸的。可是想一想，这又能怨谁呢？一个人也好，一个企业也好，如果到最后连自己是为什么输的都不知道，那么，从某种意义上说，这个人或者这个企业就应该输。

有道是："逆水行舟，不进则退。"或许，我们真的没有做错什么，但是，在这样一个飞速发展的时代，我们对自己的要求不能以有错或者没错为标准。蒲扇也没有做错什么，不照样还是被电风扇所取代吗？电风扇也没有做错什么，不照样顶不住空调的强势来袭吗？

如果非要问到底做错了什么，我们能给出的答案就是，时代在变，环境在变，别人在进步，你别说退步，就是原地踏步，照样是大错特错。

在日常口语交际中，当我们要说明创新对企业成长的重要意义，或者不断进步、不断超越自我对个人成长的重要意义时，都可以引用这句话，以诺基亚这一广为人知的事例来凸显创新和进步的重要意义。

> 使沙漠变得美丽的，是它在什么地方藏着一口水井。
>
> ——《小王子》

虽然在作家和艺术家的眼中，沙漠可以幻化出或苍凉或斑斓的美，但是，一旦真正深入大漠，在太阳的暴晒和黄沙的炙烤下，水就成了压倒一切的最强音，而那隐藏在一望无际的黄沙中的一眼水井，那口干舌燥之际的清冽甘甜，也就成了沙漠中最美的风景、最大的满足。

水是生命之源，在茫茫沙漠之中，水就更加珍贵。这句话通过众人都能理解的表达方式，揭示出了丰富的内涵，值得我们反复咀嚼、用心体会。

沙漠中的"水井"，可以理解为人们内心的爱，一个内心有爱的人，就是世界上最美丽的人；沙漠中的"水井"，还可以引申为一个人的学识、修养和内涵，没有这口"井"，一个人纵使外表再美也是虚浮的，有了这口"井"，人才会美得有韵味。

在日常口语交际中，当我们要表达上述意思时，可以借这句话来引出我们要表达的内容，使语言更有色彩，让听众更感兴趣。

"可能"问"不可能":"你住在什么地方?"不可能回答说:"在那无能为力的梦境里。"

——［印］泰戈尔

世界上没有什么是不可能的,所谓的不可能只不过是无能为力者的托词和不思进取者的挡箭牌,许多政治家、学者、知名人士都用或充满哲思或激昂铿锵的语句阐述过这样的道理,泰戈尔采用的方式是拟人。

在这段话中,泰戈尔将"可能"与"不可能"这两种现象人格化,并为它们设置了一段非常有深意的对话。在这组对话中,发问的是"可能",从对话中我们可以看出,"可能"对于世界上有"不可能"这样一种存在是非常好奇、非常困惑的,所以它才问:"你住在哪儿啊?"言外之意,你是怎么生存下来的呢?"不可能"回答得理直气壮,就在"无能为力的梦境里"。意思是,哪里有心灰意冷,哪里有无能为力,哪里就有不可能!

在这别有意味的一问一答中,深刻的道理得以酣畅淋漓地诠释出来。这句话生动地为我们阐述"一切皆是可能,关键在于努力"的观点,给出了一个更能打动人心、说服力也更强的表达渠道。

不要因为路远而踌躇，只要去，就必到达。

——成吉思汗

"成吉思"在蒙语中是海洋的意思，"成吉思汗"指的是"拥有海洋四方的大酋长"。作为历史上杰出的政治家、军事家，成吉思汗东征西讨，开疆拓土，功勋卓著。

这句话反映出成吉思汗坚定的信念和坚毅果敢的性格。对这句话，我们可以有两层理解。第一层是字面的意思，不要因为实际距离遥远就犹豫，哪怕路途再远，只要踏上征程，就一定能到达。成吉思汗的大军曾横扫中亚、东欧等地，这一事实就是对这句话最好的诠释。第二层是引申的意思。所谓"路远"，可以是实指，也可以是虚指。需要经过艰苦卓绝的努力才能达成目标，就是虚指的"路远"。即使困难再大，只要肯努力，我们就能克服困难，获得成功。

在演讲中，我们可以引用这句话来表达自己不怕艰险、不惧困难，奋勇拼搏的决心和信念。同时，我们也可以用这句话来激励那些心有顾虑、犹豫不决的人，激发他们直面困难、战胜自我的勇气。

> 只要决定出发,最困难的部分就已结束。
>
> ——［澳］托尼·惠勒

　　LP（Lonely Planet）是伦敦商学院毕业生托尼·惠勒和新婚妻子穿越欧亚大陆抵达澳大利亚后出版的一本旅行手册,书名来自歌曲《太空船长》。不过,惠勒把原词中的可爱星球（lovely planet）唱成了"孤独星球"（lonely planet）,他喜欢这个名字并用它命名了自己的公司。

　　这是旅行爱好者熟知的一句话,它激励人们勇敢地踏上旅程,去探寻远方的世界。但是,这句话又不仅仅限于旅行,这里的"出发"可以引申为"行动"。做事情,决心最关键,决定去做往往比实际去做还要困难,所以,一旦下定决心,最困难的部分也就结束了。

　　我听一位老总在演讲中说过这样一段话,还是很有感召力的。他说:"……我特别喜欢LP创始人的一句话:'只要决定出发,最困难的部分就已结束。'此刻,我们已决定出发,我们的目标是业绩比去年提高百分之二十,不达目的绝不收兵,大家一起努力吧!"

这世界上唯一扛得住岁月摧残的就是才华。

—— 李安

众所周知，著名华人导演李安早年走得并不顺利，他曾经有好几年的时间没有工作，只能在家做饭带孩子，全靠妻子挣钱养家。但是，不论境况如何凄惨，李安都没有放弃自己的电影梦，最终得偿所愿，作品问鼎奥斯卡奖，成了赫赫有名的大导演。有如此经历的李安说出这样的话，更让人感慨和深思。

都说岁月是把杀猪刀，美丽的容颜、妙曼的身材，甚至纯真的感情，都有可能耐不住岁月的摧残，被一刀一刀地凌迟，以致面目全非。才华不仅不会被岁月摧残殆尽，反而会随着时间的沉积，越来越耀眼，越来越不可阻挡。所谓厚积薄发，说的就是这个道理。

是金子总会发光，有才华迟早绽放。当被岁月摧残的时候，不妨潇洒地告诉自己："没什么，咱就是耐折腾！"在通往成功的道路上，人们需要这样的自信，更需要这样的豁达。

这句话在戏谑间透着一股不屈的气势，令人回味无穷。在涉及坚持梦想、坚强自信等话题时，都可以引用。

知命者不怨天，知己者不怨人。

——《淮南子》

能认识形势的人不埋怨天命，能认识自己的人不埋怨别人。

人生在世，会面对很多不确定，会有很多无可奈何和无能为力，在客观规律面前，人有时候确实很渺小，心怀敬畏，以豁达的态度接受并遵从客观世界的规律，对天命不公也就会少一些怨怼之情。

知命可以不怨天，知己可以不怨人。一旦我们能清醒而正确地认识自己，眼睛向内多看自己的问题，多进行自我剖析和自我矫正，对他人自然就会少了很多埋怨。

怨天尤人是一种负面情绪，怨天怨地怨别人，就是不审视自己，这样处世有百害而无一利。"知命者不怨天，知己者不怨人"，这寥寥十二个字是古代先贤给抱怨症患者开出的处方，经千年岁月积淀，历久弥新。

愿这张古老的处方能治好我们现代人的抱怨症，同时，在演讲和沟通中，大家要记得把这张处方分享给更多的人。

万物皆有裂痕,那是光照进来的地方。

——[加拿大]莱昂纳德·科恩

这句话很容易让我们联想起影视剧中的画面:午后的阳光透过半掩的窗照进室内,斑驳的光影渲染出一种空灵飘逸、如梦似幻的意境。光是美丽的,透过缝隙照射进来的光尤其美丽,因为,那光影中聚集了太多的内涵。

带着这样的心境去理解这句话,我们就有了更多的感触。如果把我们在生活中遭遇的挫折、痛苦、磨难看成缝隙、裂痕,那么,我们是不是可以这样想,正是这些缝隙、裂痕为光开辟了通道,成就了缝隙中的光与影那无与伦比的美丽?

这样想,生活中的挫折、痛苦、磨难不仅不是不幸的代名词,相反是提升人们生命质量和品味的必备要素。其实,这也正是这句话要告诉我们的道理。

在演讲中,我们可以引用这一诗意而深刻的语言,启发人们正视生活中的艰难困苦,以积极的心态和行动让光照进生命中的"裂痕",形成一道绝美的风景。

比如,我们可以这样说:"遭遇困难的时候,我们不妨想想这句话:'万物皆有裂痕,那是光照进来的地方。'如果用消极的心态去想,困难就是困难;如果用积极的心态去想,困难是为'光'准备的'裂痕'!"

○ 价值观

没有被听见不是沉默的理由。

——［法］雨果《悲惨世界》

不能因为我们的声音微弱,别人听不到,我们就不出声,就选择沉默。

南宋词人方岳说过:"不如意事常八九,可与人言无二三。"方岳告诉我们,很多时候,我们必须或者不得不沉默,而雨果又告诉我们不能沉默,这是不是互相矛盾呢?

其实,这一点都不矛盾。因为方岳的话指的是个人的委屈、烦恼、不如意……而雨果这句话指向的是真理、公平和正义。个人的烦恼、忧愁无处可诉就不诉,但在真理和公平正义面前,绝对不能沉默。

当真相在穿鞋的时候，谎言已经跑遍了全城。

——［美］马克·吐温

    这句话字面意思非常好理解，谎言比真相传播得快。通过这句话，我们可以更深切地体会到形象与幽默在话语中的分量。在马克·吐温妙趣横生的诠释中，真相和谎言不再是两个干巴巴的词语，而成了两个有生命的个体，我们甚至可以把他们想象成两个小孩子。一个顽劣无状，乱跑乱冲，蛊惑人心；另一个虽沉稳端庄，多少有些行动迟缓。所以，让人们注意并津津乐道的，往往不是真相这个乖孩子，而是谎言这个坏孩子。

    我们可以引用这句话来表示我们对谎言的不屑，也可以借这句话来提醒人们要明辨是非，不要被谎言所迷惑。

生活不只眼前的苟且　还有诗和远方的田野。

——高晓松

这是音乐人高晓松《生活不只眼前的苟且》中的歌词。据高晓松讲,"生活不只眼前的苟且,还有诗和远方"是他妈妈的语录,也是对他影响至深的一句话。

这句话,有人读出了傲,有人读出了酸,有人读出了浪漫,有人读出了情怀……角度不同,人生际遇不同,感悟自然也就不同。就我个人而言,我是很喜欢这句话的。作为大千世界的芸芸众生,我们不可避免地要面对尘世的扰攘和喧嚣,这句话里的"苟且",我认为不完全是贬义,而是对我们必须要直面的现实生活的一种描摹。

我们生活于现实之中,但是,如果我们的生命只用来应付现实中的七零八碎,就未免太苍凉了,我们需要"诗和远方"去抵挡这份苍凉。"诗和远方"就是我们生命的色彩,即使身体无法到达,我们的心也要到达。

人不能两次踏进同一条河流。

——［古希腊］赫拉克利特

为什么"人不能两次踏进同一条河流"？因为当你第二次踏入的时候，原来的河水已经流走了，你所接触到的是新的河水。赫拉克利特用这个形象的说法告诉我们，世界无时无刻不在变化当中，一切都是流动的，一切都是变化的，"太阳每天都是新的"。

正因为世界处在永恒的变化之中，所以，对于逝去的时光，对于擦肩而过的人，对于错过的故事，不管我们怎样的惋惜和无奈，都无济于事。在这个变化的世界中，懂得珍惜与坚守，在变与不变之间演绎精彩的人生，对我们来说，或许这才是最踏实的吧？

犯我大汉天威者，虽远必诛！

———陈汤

西汉名将甘延寿和陈汤攻灭匈奴郅支单于之后，给汉宣帝上疏，其中有"明犯强汉者，虽远必诛"一句，意思是：敢于侵犯强大汉朝的人，即使再远，也一定要杀掉他们。这句话后来演变为"犯我大汉天威者，虽远必诛！"。

这句话是强者的宣言，也是勇气和自信最好的诠释。我们分享这句话，一是和大家共同感受这份满满的正能量，二是建议大家在演讲和沟通中多尝试使用"虽……必……"这个句式，比如，表达克服困难，完成工作的决心，我们可以说"虽难必克"，如此表达，对增强讲话的穿透力和震撼力是非常有助益的。

> 把事情变复杂很简单,把事情变简单很复杂。
>
> ——佚名

这句话乍听起来不太清爽,反倒引起我们对"简单"和"复杂"更深层次的思考,并领悟出其中的道理。就拿布置工作来说吧,如果管理者简单行事,没有周密的思考和妥善的计划,随便一说,语焉不详,那么,执行者听起来肯定是一头雾水,即使想干好工作也不知道该如何去做。管理者"简单"地把事情整"复杂"了。相反,如果管理者事前做足了功课,工作推行起来就会顺当得多,事情也会变得简单得多了。

简单和复杂在人与人之间的跷跷板现象,在个体身上也同样存在。所以,在职业活动和日常交往中,我们要抓主要矛盾,凡事做减法,尽量削去旁枝末节,把主要的精力集中在关键点上,用事前的复杂换来过程的简单和结果的完美。让我们以这句"啰唆"的话共勉吧。

> 令她反感的,远不是世界的丑陋,而是这个世界所戴的漂亮面具。
>
> ——[法]米兰·昆德拉

这句话说出了很多人的心声,真是太过瘾了。真实的丑陋尽管丑陋,但是没有隐藏,没有欺骗,丑陋坦坦荡荡地呈现在我们面前,是什么样就是什么样,不喜欢的可以绕行,不接受的可以拒绝,一切都是透亮的。

当一个漂亮的面具阻隔在我们和世界之间,当我们眼睛看到的是光鲜亮丽,内心感受到的是奇丑无比的时候,当这个漂亮的面具在我们面前搔首弄姿的时候,那感觉真是太酸爽了。

真实永远比一切都重要,我们不能接受被漂亮的面具忽悠,就像我们宁可原谅真小人也不宽恕伪君子一样。

在日常口语交际中,我们可以引用这句话来抨击虚伪与丑陋,使我们的语言更有力度,更显深刻。

近路即邪路，邪路即死路。

——佚名

现在大多数人都有抄近路、走捷径的心理欲求，再加上舆论的推波助澜，人们本就浮躁的情绪被撩拨得更为浮躁，大家都渴望一夜暴富、一夜蹿红，渴望在最短时间内获得成功，而那些踏踏实实、一步一个脚印做事的人反倒成了可笑的傻子。

这句话可以说是醍醐灌顶。抄近路，一开始可能会走得很顺，很风光，就像那些邪门歪道的事，乍一看会很唬人一样。但是，邪不压正这是古训，走上了邪路，就意味着死路，"邪"是不可能长久存于天地之间的。

马云说过："猪碰上风也会飞，但风过去摔死的还是猪。"这应该是对"近路即邪路，邪路即死路"最形象的诠释。愿这句话给我们带来警醒，也愿我们在演讲和沟通中以这句话去影响更多的人。

笼鸡有食汤锅近，野鹤无粮天地宽。

——佚名

养在鸡笼中的鸡不需要为吃喝操心，到点肯定会有人来喂食。这样的生活看似无忧无虑，但是，等待它们的是架好了的汤锅，成为盘中之餐就是它们这种"幸福生活"的归宿。

和养在笼中的鸡比起来，野鹤的生活表面看要悲惨得多。没有人给它们按点送食物，它们要自己去四处觅食，找得到就吃，找不到就只能饿着。但是，也正是这份不那么安逸的生活，给了它们广阔的天地，它们可以自由翱翔。

有道是"生于忧患，死于安乐"，无论是在动物界还是在人类社会，太过安逸都不是好事，甚至可以说是"死亡"的前兆，艰难的环境、困苦的生活，反而能够磨砺出更强的适应能力和生存能力，赢得更广阔的发展空间。

在日常口语交际中，我们既可以用这句话来勉励自己，又可以激励他人，特别是团队领导者，可以用这句话来鼓舞士气，激发大家应对挑战、直面困难，在狂风暴雨的洗礼中振翅高飞的信念。

你可以虚荣，但是要靠自己。

——佚名

虚荣的人是很让人反感的。但就人的本性来说，虚荣往往是很难根除的，再谦虚谨慎的人也会有虚荣心偶发的时候。

可虚荣和虚荣又是不太一样的。有的人的虚荣，源自自己；有的人的虚荣，赖于他人。家族的背景、父母的权势、恋人的名望、亲戚的财富……诸如此类，他们都可以拿出来炫、拿出来晒，并非常"天真"地在潜意识中把人家和自己画上了等号。

虚荣本就招人反感，借他人名头疯长的虚荣，就更让人鄙弃。老话说："爹有娘有不如自己有，两口子还要伸伸手。"那些张嘴"我爸妈如何如何"、闭口"我老公怎样怎样"的人，想想也着实可怜。

"你可以虚荣，但是要靠自己"，这应该是我们对待虚荣的底线，也是我们对那些因别人而使自己虚荣心无限膨胀的人最有力的回击。

青山有幸埋忠骨，白铁无辜铸佞臣。

——佚名

民族英雄岳飞抗击金军的故事家喻户晓，奸臣秦桧以"莫须有"的罪名害死岳飞，人神共愤。为纪念岳飞，人们在西湖边修造了岳坟、岳庙。在岳飞墓前，人们又用生铁浇铸了秦桧及其妻王氏等人的跪像，跪像的后面就是"青山有幸埋忠骨，白铁无辜铸佞臣"的楹联。

"忠骨"，指的是岳飞；"佞臣"，指的是秦桧等人。这副楹联，在弘扬正义、鞭挞丑恶的同时，也让我们感受到了文字无与伦比的精妙。它并没有直接写岳飞多么让人敬佩，而是用拟人的手法，写"青山"因忠臣在此长眠而有幸。它也没有直接写秦桧等人是多么十恶不赦，同样是用拟人的手法替白铁鸣不平，因为被浇铸成佞臣的形象，所以，无辜的白铁遭人唾弃。一个"有幸"，一个"无辜"，正义凛然，让人心生无限感慨。

在写演讲稿（包括写其他文章）的时候，我们应该学习和借鉴这样的表达方式，同时，当和别人聊天聊起岳飞的时候，适时插入这一楹联或者在别人说起这副楹联时给予恰当的回应，既能彰显我们的文化底蕴，又能营造更为良好的沟通氛围。

一个人越是能够放弃一些东西，越是富有。

——［美］梭罗《瓦尔登湖》

《瓦尔登湖》记录了梭罗隐居瓦尔登湖畔，与大自然融为一体的奇妙历程，及其所思、所想、所悟。

在世俗的认知中，富有的前提是获得，是聚敛，一个人得到的越多就越富有。梭罗告诉我们，错了！一个懂得放弃也能够放弃的人，才可以富有。

这不由得让我想起一些知名的企业家，他们做事业的过程实际上就是放弃的过程，他们放弃自己应该得到的利益，把这些利益让渡给合作伙伴、客户、员工等。从表面上看，他们损失了大把的金钱，但是，他们赚得了人心。金钱有数，人心无价，肯放弃者方可谈收获。

在涉及舍弃、分享、眼前利益与长远利益等话题的演讲中，我们都可以引用这句话。当然，引用只是口头上的，会说并不是最重要的，最重要的是能够做到。

我生本无乡,心安是归处。

——白居易《初出城留别》

此句出自白居易的《初出城留别》:"……扬鞭簇车马,挥手辞亲故。我生本无乡,心安是归处。"一句"心安是归处",让多少人的情绪为之沦陷啊!

我们总爱问这样的问题:"我从哪里来?我要到哪里去?"其实,作为天地间的过客,我们真正的归宿不是有形的,而是无形的。在白居易看来,那就是"心安",一个人只要坦坦荡荡地立于天地之间,不欺人,不负人,没有良心上的不安,哪里都是家乡,哪里都是归处。

"心安是归处",虽然只有五个字,却是我们生命的航标灯,做到心安,做到无愧天地、无愧他人,这应该是我们所有人一生的修行。

除了用来自省与自警,我们还可以用"心安是归处"表明心迹。比如,当被领导误会或被他人误解的时候,一句简洁有力的"心安是归处",在很多时候胜过千言万语的解释。

同时,在涉及自我修养、为人处世等话题的演讲和沟通中,"心安是归处"这句话,既可以给他人带来启迪,又能彰显说话者的思想深度和文化底蕴。

> 智者说话，是因为他们有话要说；愚者说话，则是因为他们想说。
>
> —— 柏拉图

只要生理上没有问题，谁都可以开口说话。但是，有人说出的话是金玉良言，有人说出的话却味同嚼蜡。同样是说话，为什么差距如此之大？

智者的语言承载着的是他们的思想和智慧，他们心里有想法，有话要对这个世界讲；愚者的语言透射出的是他们的肤浅与苍白，他们本没有什么想法，说话只是打发无聊或者刷存在感的方式而已。有内涵的语言和无内涵的语言，其效果自然是不一样的。

当然，智者总归是凤毛麟角，我们寻常人可能做不到像智者那样精言妙语、字字珠玑，但我们要向着这个方向努力，至少应该要求自己：如果说话，就要说有用的、有意义的话，否则，宁可闭嘴也不说那些无聊的废话。

说话不是等闲小事，评价一个人口才好不好，会不会说话，要通过他们的语言，更要看他们语言背后的思想，看他们的语言对他人以及社会所产生的作用和影响。在锤炼口才的道路上，让我们以这句话共勉。

> 放飞是能力，落地是本事。
>
> ——刘国梁

里约奥运会期间，国乒队总教练刘国梁被媒体误认为是"不懂球的胖子"，闹了一个天大的笑话。刘国梁应该是当今世界最懂球也最懂人的教练。这不，他在微博上以"放飞是能力，落地是本事"这句话来勉励队员。

收放自如是人生的至高境界。人可以"飞"，但不可能一直"飞"；可以有短暂的狂欢，但不可能永远不务正业。有的人"放"出去就"收"不回来了，只有自控能力强的人才可以在"放飞"与"落地"之间完美切换。

一个人的弦不可能永远绷着，在适当的时候，人需要休息，需要娱乐，需要不同的尝试和不同的体验，需要"放飞"自己。但我们的根永远在地上，不管飞多高、飞多远，还是要稳稳地"落地"，担起自己的责任，不忘初心、义无反顾地去履行自己的使命。

在演讲和沟通中，当我们要表达上述观点时，可以引用这句话来增强语言的文艺气息和感染力。

> 一个人走向邪恶不是因为向往邪恶,而是错把邪恶当成他所追逐的幸福。
>
> ——［英］雪莱《西风颂》

"冬天来了,春天还会远吗?"这句诗出自英国浪漫主义诗人雪莱的《西风颂》。"一个人走向邪恶不是因为向往邪恶,而是错把邪恶当成他所追逐的幸福。"是雪莱的第二任夫人、英国著名作家玛丽·雪莱的名句。世界上最复杂的莫过于人,雪莱夫人的这句话直指人性,发人深省。它告诉我们,即使再十恶不赦的人,也不会把"邪恶"作为自己的目标,他们只是在追求自己的幸福的过程中,一头闯进了邪恶而已。

比如,有的人在追逐名利的过程中,做了一桩又一桩恶行,侵害了许多人的利益,纵使如此,他们也会给自己的行为找一个高大上的借口,千方百计地为自己的邪恶行为寻找合理性的基础:为了工作、为了发展、为了成功……正如法国大革命时期著名政治家罗兰夫人在临刑前所感叹的,"自由,多少罪恶假汝之名以行!"

希望雪莱夫人的这句话能帮助我们更好地洞悉人性,更准确地认识人,在提高我们看问题的敏锐度的同时,也增强我们表达的深度。

> 凡有血气，皆有争心，故利不可强，思义为愈。
> ——晏婴

这是春秋战国时期著名政治家、思想家晏婴的名言，大意是：凡是有血气的人，都有争强好胜的心思，所以，利益不能强取，要符合道义为好。思义：想着道义；为愈：为好。

春秋战国是中国历史上著名的乱世、大争之世。晏婴这句话固然是在当时的时代背景下所讲，但是，对于生活在当今时代的我们，依然具有非常重要的指导意义。特别是晏婴所言，凡是有血气的人，都有争强好胜之心，尤其值得我们深思。

人的性格是不一样的，有的人外表强势，有的人暗藏锋芒。在与人交往的过程中，我们一定要给予别人足够的尊重，不要认为表面上与世无争的人就可以像泥巴一样捏来捏去。恰恰是这些收敛锋芒的人，往往比常人更有血性，更有好胜之心。和他们相处，最正确的做法就是尊重他们的好胜之心，不要用轻慢的态度去挑起不必要的纷争。

除了指导我们与他人相处，当我们要抨击把道义抛在一边，只顾为自己攫取利益的行为时，也可以引用这句话，以增强语言的分量。

> 简单的东西不一定是最好的,但最好的东西一定是简单的。
>
> ——佚名

不少人说,在做产品推介的时候语言非常不好把握,说得天花乱坠吧,就是"老王卖瓜,自卖自夸"的油滑;说得一板一眼吧,听众没听几句就烦了。那么,我们该如何提炼和凸显产品的亮点呢?"简单的东西不一定是最好的,但最好的东西一定是简单的",这句话能够在很多场合给我们帮上大忙。

现在,很多人推崇极简的生活方式,对产品的要求,人们也越来越由繁复变为简单。当然,简单并不意味着简陋,更不意味着粗劣,而是精工到极点后的尽善尽美和简捷便利的完美融合。高质量的产品,到最后必将呈现为高水准的简单。

在介绍产品的时候,我们完全可以用这句话来连缀我们的内容,并突出产品的亮点。特别值得一提的是,在相对专业性比较强、略显枯燥的产品介绍中,我们也需要这样通俗化和感性化的句子,去增强我们语言的温度以及可接受度,这样才能给听众留下比较深刻的印象,无论是对演讲者、对产品,还是对厂家。

> **人生最重要的两天就是你出生的那天和你明白自己为何出生的那天。**
>
> ——[美]马克·吐温

有些人不太同意这种说法,他们认为,人生中最重要的两天是出生的那天和死亡的那天。将死亡作为人生中重要的一天,这听起来也是蛮酷的。不管我们以何种姿态挥一挥衣袖告别尘世,告别就是告别,终止就是终止,虽震撼但不一定重要。为什么这样讲?

我们经常说生命是一段旅程,起点肯定是重要的,因为没有起点就没有人生这一程。而"明白自己为何出生"则是获得了人生的大智慧,勘破了人生的意义。达到这个境界,我们的人生之旅才能走得有滋有味,否则,真的就是浑浑噩噩过一生。所以,"明白自己为何出生"的这一天,是决定人生质量的一天,也是决定我们和尘世告别方式的一天,它怎么能不重要呢?

在演讲和沟通中,当涉及人生感悟之类的话题时,引用这句话可以增强我们语言的深刻性和哲理性。

> 感人心者，莫先乎情，莫始乎言，莫切乎声，莫深乎义。
>
> —— 白居易《与元九书》

此句出自白居易的《与元九书》，大意是：能够打动人心的事物，没有能超过情感的，没有不是从语言开始的，没有比声音（韵律）更切合的，没有比道理更深入的。可能有人觉得这样解释还是比较晦涩，再说得直白一点就是：情感、语言、声音（韵律）、道理，这是打动人心的关键要素。

所以，白居易接着写道："诗者，根情，苗言，华声，实义。"白居易认为：诗，情感是它的根，语言是它的苗，声音（韵律）是它的花，而诗的含义、道理、给人们的启迪是果实。

虽然白居易谈的是作诗，但是，演讲又何尝不是如此呢？一篇好的演讲，必然是充溢着真情实感，必定能够带给听众以启迪，没有这一根一果，演讲就只剩下华而不实的空架子了。

"感人心者，莫先乎情"这是我们平时引用比较多的，后面的话，大多数人却鲜有涉及。希望通过今天的学习，能够开阔我们的视野，更重要的是对这句话有一个更为准确的理解，避免断章取义的尴尬。

一把刀的锋刃很不容易越过，因此智者说，得救之道是困难的。

——［英］威廉·毛姆《刀锋》

我曾经很犹豫，不知道要不要和大家分享这句话。因为这句话揭示的哲学深意不是一句两句话能解释清楚的。而且，如果不熟知《刀锋》的内容，对这句话似乎也只能停留在浅表层面的理解。后来转念一想，毕竟我们绝大多数人不是哲学家，我们对语言的共鸣更多的是基于情感上的悸动而不是哲学上的深入，所以就把这句话写了下来。

"一把刀的锋刃很不容易越过"，无论我们怎样小心翼翼，也无论我们怎样技艺高超，都难保不被利刃所伤。更重要的是，面对寒光凛凛的刀锋，越过它不仅需要技术，更需要勇气。因此，我们可以用"一把刀的锋刃"来指代需要勇气和智慧才能克服的艰难险阻，或者某一人生境界。

在这里，毛姆指代的是智者所说的"得救之道"。这个"得救"是哲学意义上的"得救"，是人生的升华。在日常口语交际中，我们或许达不到这么高的境界，不过我们可以对这句话稍加改动，灵活运用。比如，将"得救之道"改成"超越自我""宽恕他人"……这样可以使讲话更有高度。

> 天道不一定酬勤,深度思考比勤奋工作更重要。
>
> ——佚名

这话乍听起来很逆天。"天道酬勤"是人们千百年来推崇的人生信条,人们笃信,只要足够勤奋,只要努力付出,老天就一定不会辜负。这种信念有错吗?一点错都没有!但是,正如任何语言都有其特定的语境一样,任何信念都有其适用的先决条件,冥顽不化地死守信念到最后耽误的还是自己。

我经常说,学演讲,方向比速度重要,做其他事情也是如此。如果一开始的方向就是错的,那么,越勤奋就会在错的道路上走得越远,越勤奋就会错得越离谱,老天又怎会"酬"错误呢?

因此,无论做任何事情,我们都要深入思考,选择正确的道路,找到有效的方法,在这个基础上再去勤奋付出,不能只顾低头拉车,走的什么路却根本不管,结果很有可能就是用勤奋的汗水成就了一个滑稽的错误。

这句话既可以作为我们行动的指南,也可以在适合语境的演讲和沟通中引用,引起人们对勤奋和思考之间的关系的重视与反思。

穷不失义,达不离道。

——《孟子·尽心上》

人在穷困的时候不丧失礼义,在发达的时候不背离道义。义:礼义;道:道义。

看过一则新闻,一个人因故被困他乡,蜗居在地铁站,与一般流浪汉不同的是,他绝不打扰别人,铺盖毛巾干净整洁,井井有条,这应该就是"穷不失义"吧。俗话说,人穷志短,一个人在穷困的时候能不能恪守做人的底线,能不能有尊严地活着,这是一种修行。

"人穷志短"固然要不得,但得志便猖狂比人穷志短更令人厌恶。有的人,默默无闻的时候或许还好,一旦发达了,就认为自己有了傲视一切的资本,骄横跋扈,不可一世,早忘记了"道义"二字。所以,"达不离道"同样是一种修行。

归根结底,穷困与发达,这是上天以不同的形式给我们出的人生考题,如果这道考题有标准答案,那就是"不失义""不离道"。我们既可以在演讲中引用这句话来阐述为人处世的道理,又可以用这句话去赞美别人,这样的赞美既有高度又简洁凝练。

> 最要紧的是，我们首先应该善良，其次要诚实，再其次是以后永远不要相互遗忘。
>
> ——［俄］陀思妥耶夫斯基《卡拉马佐夫兄弟》

在《卡拉马佐夫兄弟》的最后一章，主人公阿辽沙即将离去时，对一群小朋友如是说。

这句话非常耐人寻味。分别之际，人们多半会说希望把彼此放在心间，永不相忘。但是，在这句话中，大师借主人公之口告诉我们，比不相忘更重要的是诚实，比诚实更重要的是善良。因为，有时候，诚实是有弹性的，比如善意的谎言。但是，善良是没有弹性、不可选择的，善良是做人的根本。

分离与告别是我们人生中不可避免的。离别之际，伤感袭来，除了珍重，除了莫相忘，我们常常找不到合适、有深度的话语作为临别赠言。这句话就是一句非常精彩的告别语，我们既可以拿过来直接引用，也可以把"善良""诚实""永不相忘"这三个词单独提出来，作为核心词，再适当添加一些内容，就可以形成一篇与众不同的临别致辞了。

君子务本,本立而道生。

——《论语·学而》

此句出自《论语·学而》,全篇为:"有子曰:其为人也孝悌,而好犯上者,鲜矣;不好犯上,而好作乱者,未之有也。君子务本,本立而道生。孝悌也者,其为仁之本与!"大意是:有子(孔子的学生)认为,孝顺父母、善待兄弟的人,很少会犯上,更不会作乱。君子要致力于根本,根本确立了,治国、做人的原则也就产生了,而孝悌正是"仁"的根本。

这句话是儒家对孝悌与"仁"的关系的阐述,在工作和生活中,我们可以对这句话进行更广泛的诠释。比如,我们可以讲:经营企业,诚信经营是本,确立了这个本,企业才可以良性发展,基业长青。没有这个本,纵然兴盛一时也是空中楼阁。当然,不只是经营企业,我们做人、做事实际上都是一个立本、生道的过程。

有道是"半部《论语》治天下",《论语》是思想、文化宝藏,可以启迪我们的智慧,而且,引用其中的精言妙语,可以使我们的语言更具哲理性,同时也便于主体内容的引出,使我们的谈话更自如、更丰满。

岂能尽如人意，但求无愧于心。

——刘伯温

这句话可以从两个方面去理解：一是我们做事哪能完全按照他人的意愿呢？只求不愧对自己的内心就好；二是我们做事哪能尽善尽美呢？即使有一些缺憾，只要尽力了，扪心自问不感到惭愧就好。这两方面的意思看起来接近，仔细琢磨还是有一些区别的，正因为存在着细微的差别，所以才成就了这句话的两种不同用法：

一是剖白。举例来说，如果企业要进行改革，就势必会触动一部分人的利益，"蛋糕"被动，不可能没有怨怼。而在部分人利益和企业整体发展之间，作为领导人只能选择后者，此时，一句"岂能尽如人意，但求无愧于心"就是最好的剖白，可以起到非常真诚地向听众表明心迹的作用，尽最大努力争取大家的理解和配合。

二是劝慰。人生不如意事常八九。有的事，我们做了，但是结果和我们预想的有距离，面对这些遗憾，心里难免疙疙瘩瘩地不舒服。此时，我们应该用这句话进行自我解劝，使自己尽快从失意惆怅的负面情绪中走出来。当然，除了自我解劝，我们还可以用这句话来劝慰他人。

> 天下最悲哀的人莫过于本身没有足以炫耀的优点，却又将其可怜的自卑感，以令人生厌的自大、自夸来掩饰。
>
> ——［美］卡耐基

这句话读起来有些绕，我们一起来顺一下。在这句话里，卡耐基从外在和内在两方面，给天底下最悲哀的人做了界定。从外在看，那些拽得不行，自大、自夸的人都在卡耐基所画的这个圈子里。

我们也知道，世上自大的人多去了，那些禀赋异常、天资超群的人，常常给人狂放不羁的感觉。卡耐基指的是不是这样的人呢？不是。恃才傲物的人固然有些讨厌，但并不可悲，可悲的是没有可恃之才偏偏要傲物的人。他们为什么会这样？因为自卑，因为怕被别人看不起，索性就刻意摆出一副盛气凌人之态，先看不起别人。他们的自大与自夸，是虚张声势的，是可怜又可悲的，卡耐基所指的正是这部分人。

这句话出自卡耐基的代表作《人性的弱点》。实际上，用毫无理由的自大来掩饰极度的自卑，这正是人性的弱点之一。这句话，我们既可以用来自警，也可以用来分析人性，警示他人。

> 修合无人见,存心有天知。
>
> ——同仁堂

这是北京同仁堂传承数百年的企业精神,意思是:在无人监管的情况下,做事不要违背良心,不要见利忘义;因为你所做的一切,上天是知道的。修合,指中药的采集、加工、配制过程。

这句话说得真是太好了。对不专业的人来讲,别说看不到制药的全过程,即使看到了也未必能看得懂,要蒙他们很容易,但是有"人"是蒙不了的,那就是上天、就是良心。"举头三尺有神明",人所做的一切或许能躲过人的眼睛,但是躲不过上天的眼睛,躲不过良心的审判。

很遗憾,现在有太多的企业缺少敬畏之心,把食品做成化学品,把药做成毒药,把手机做成"炸弹"……只要自己合适,只要自己能够攫取利益,哪里还会去管消费者的死活。正因如此,这句话才显得尤其珍贵,尤其令人感动。在日常口语交际中,在涉及诚信经营、凭良心做事等话题的演讲和沟通中,我们可以引用同仁堂的这一古训,使自己的语言更显深刻、更有力量。

你的良心不会痛吗？

——佚名

估计很多人都看过火遍朋友圈的那两只小黄鸡，确切地说，应该是头上长着三根薯条、有点像鸡的鹦鹉。"你的良心不会痛吗？"就是鹦鹉兄弟经典表情包之一。

当然，表情包不是重点，重点是这句话。这句话仔细琢磨起来挺有意思的。我们一般都会说"心痛"或者说"良心不安"，很少会说"良心痛"，恐怕也只有刚学说话的小朋友，分不清心与良心才会如此表达吧？正因为如此，所以，"你的良心不会痛吗？"才多了几分俏皮、几分幼稚、几分率真，轻而易举地闯进了我们的心里。

流行语是时代特有的语言，跟得上语言才跟得上时代，多积累流行语，适时适当引用流行语，会令我们的表达魅力无穷。就拿"你的良心不会痛吗"来说，既可以作为朋友之间的玩笑，你把我的零食全吃了，我故作生气地来一句"你的良心不会痛吗"，这是友谊的另类诠释；而当我们想谴责某种行为的时候，一句"你的良心不会痛吗"，又陡然有千钧之重。在庄与谐之间完美切换，恐怕也只有流行语能做到了。

> 天下古今之庸人,皆以一惰字致败;天下古今之人才,皆以一傲字致败。
>
> —— 曾国藩

在这句话中,曾国藩提到了两种人的失败:一种是平平庸庸的人,他们的人生败于懒惰;一种是才华横溢的人,他们的人生败于骄傲。因懒惰或骄傲而失败固然都让人感慨,但是,我感触最深的还是懒惰,毕竟,生活中恃才傲物者少,庸庸碌碌者众。

4月1日那天,看到很多纪念张国荣的文章,不由得想起张国荣主演的电影《霸王别姬》。当年,还是孩子的程蝶衣和段小楼看到京剧名角被观众追捧的场景,因为学戏出错经常挨打的程蝶衣说了一句让人动容的话:"他们得挨多少打才能成为角啊?!"

"台上一分钟,台下十年功",如果把人生比作一个大舞台,那么绕开"台下十年功"的懒惰者,又怎会有"台上一分钟"的光彩呢?最让人郁闷的不是失败,而是"我本可以"!不要让懒惰葬送本可以的成功,也不要让骄傲毁掉已得到的成功,当我们要表达这样的意思时,就引用这句话吧。

> 这是我的承诺，我从来都是信守承诺的。
>
> ——电视剧《夏洛特的网》

《夏洛特的网》讲述了一个美丽而感人的童话故事。小猪威尔伯出生了，但是因为兄弟姐妹众多，它没有奶吃，又太瘦小，命运坎坷。稍大一些，它被送到谷仓，和母鹅一家、羊、马、老鼠等为邻，在那里，它结识了一个好朋友——一只叫夏洛特的蜘蛛。

时间在悄悄溜走，有一天，小猪威尔伯听到一个不幸的消息，自己要被杀掉做成熏肉火腿，它不想死去！这个时候，那只总是被轻视的蜘蛛夏洛特说，它能够帮助小猪。夏洛特想出各种各样新奇的词，在网上织出称赞小猪的文字，创造了一幕幕奇迹。人们终于认识到这样一只神奇的小猪比熏肉火腿更有价值、更有意义，小猪得救了，夏洛特却耗尽了最后的力气，它用自己的生命践行了自己的承诺。

正是这个让人动容的故事，才使得这句话读起来越发有千钧之重，因为这不是随便说说的漂亮话，而是用生命去守护的承诺。在涉及信守承诺的演讲中，我们可以引用这句话，也可以讲述这个故事，以增强语言的感染力。

> 虽然权势是一头固执的熊,可是金子可以拉着它的鼻子走。
>
> ——［英］莎士比亚

相信看到这句话,不少人和我一样,脑子里立刻闪现出曾经热播的反腐剧《人民的名义》。确实,《人民的名义》中权力被金钱引诱,最终与金钱媾和,无法无天,横冲直撞。剧中包括现实中的种种恶行,让我们对这莎士比亚的这句名言更加感慨,更有共鸣。

熊是身体庞大、力大无穷又喜欢一条道跑到黑的动物,非常不好对付,但是,这难以驾驭的庞然大物,金钱却可以牵着它的鼻子走,寥寥数语勾勒出来的画面是那么讽刺,又是那么形象,那么一针见血。

在日常口语交际中,我们可以引用这句话来鞭挞被金钱驯服的权势的丑恶,同时,在聊起《人民的名义》时,引用这句话,不仅是一个很好的切入点,而且会使我们的语言更显深刻,更有见地。

> 哪有什么岁月静好，不过是有人替你负重前行。
>
> —— 苏心

生活不容易，富豪权贵有富豪权贵的烦恼，平民百姓有平民百姓的艰难，谁也不会比谁更轻松。

在《红楼梦》中，薛宝钗曾经送给宝玉一个外号，叫"富贵闲人"。宝钗说："天下难得的是富贵，又难得的是闲散，这两样再不能兼有，不想你兼有了，就叫你'富贵闲人'也罢了。"宝玉连说"当不起"，可见宝玉是明白的，无烦无恼、富贵闲散的日子是没有的。宝玉这样一个集万千宠爱于一身的富家公子哥尚且如此，又何况我们呢？

所以，当我们觉得生活如意、岁月静好的时候，必定是有人在为我们遮风挡雨，在为我们承受苦难，在替我们负重前行。这样的人，在每个人的生命中都不会太多，而在这为数不多的人中，最让人感动的就是母亲。让我们用这句话来赞颂伟大的母爱吧！

当然，除了赞颂母爱，我们还可以引用这句话来表达对人生的感悟，以及对所有替我们负重前行的人的感恩。

什么是多余？多余就是夏天的棉袄、冬天的蒲扇。

——李碧华《青黛》

棉袄在冬天是个宝，到了挥汗如雨的夏天，肯定得压箱子底了；蒲扇，夏天恨不得一刻不离手，到了寒风刺骨的冬天，自然是碰也不愿意碰了。用这两样东西来形容多余，真是再贴切不过、再形象不过了。难怪有那么多人把它作为个性签名，来表达自己的某种情愫。

其实，由冬天的扇子联想到多余，古已有之。"海上生明月，天涯共此时"这句诗大家耳熟能详，这是唐代诗人张九龄的名句。张九龄不仅是诗人，还在唐玄宗时期当过宰相。起初，唐玄宗非常欣赏也非常倚重张九龄，但是，后来两个人常常意见相左，久而久之就不那么和谐了。有一次，唐玄宗送给张九龄一把白羽扇，张九龄看着这把扇子心里开始翻腾了："天凉了，皇帝送我扇子，这不就是说我是天凉的扇子，没用了吗？"

> 我喜欢那种经历了大风大浪,却还平静得像只是下雨时踩湿了裤脚一样的人。
>
> ——佚名

这句话中两种状态的对比,真的让人感触很深。谁都知道,如果经历了大风大浪,那必然是浑身湿透,精疲力竭,狼狈不堪,与之相比,被雨水打湿裤脚,真的是太微不足道了。

在这句话中,最抢眼的一个词就是"平静"。"平静"折射出的是顽强的意志、不屈的精神和超然的态度。想想看吧,困难当头,有几人能做到沉着冷静、无所畏惧?经历了困难的考验,闯过了难关,又有几人能做到若无其事、云淡风轻,就像什么都没发生过一样?这样的勇气与胸襟焉能不让人佩服?

在日常口语交际中,我们可以直接引用这句话,再加上一句"你就是这样的人",以表达对他人的赞美与敬佩;同时,还可以用这句话来表明自己无所畏惧的精神和勇气。如果找一句流行语和这句话配对,我认为最合适的一句就是:"天空飘来五个字:那都不是事。"

> 弱小和无知不是生存的障碍，傲慢才是。
>
> —— 刘慈欣《三体》

《三体》由《地球往事》《黑暗森林》《死神永生》三部小说组成，《三体》三部曲被誉为迄今为止中国当代最杰出的科幻小说，不仅是中国科幻文学的里程碑之作，而且获得了第 73 届雨果奖最佳长篇故事奖，这是亚洲人首次获得雨果奖。我们分享的这句话，就出自《死神永生》。

在《三体》三部曲中，刘慈欣用天马行空的笔触，为我们描绘了地球之外的三体文明，以及在浩瀚的宇宙中那些用人类的双眼无法探知的真相。当把人置于这样的大背景，当人们习惯的认知被彻底颠覆的时候，人类的傲慢不显得太可笑了吗？！是的，我们没有傲慢的资本，不管是在浩渺的宇宙，还是在现实生活中，傲慢都是生存的障碍。

在日常口语交际中，在论及傲慢与谦卑等话题时，我们可以引用这句话，使我们的讲话更有见地，更显深刻。此外，我们还可以根据语境的需要，对这句话稍加改动，比如我们可以用"弱小和无知不是生存的障碍，粗心才是"，对不细心的人进行善意而幽默的提醒。

> 就算是一个坏钟，每天也有两次准的时候。
>
> ——佚名

这句话基于这样一个事实：一只坏了的钟，指针会停在一个固定的时刻不动，当正确的时间恰巧与钟面显示的时间一致时，这只坏钟在不明就里的人眼中就是准的。又因为一天有二十四个小时，而钟面显示的是十二个小时，也就是说钟表走两圈才走完一天，所以说它每天也有两次准的时候。

在日常口语交际中，这句谚语常被用来说明，即使再笨的人也有正确的时候，即使再不好的东西也有它的用处。不得不说，这个类比既形象又巧妙，很具有说服力。但是，关于这句谚语，我今天想和大家讨论问题的另一面：像这种无意识状态下的凑巧正确，即使正确，其意义何在？作用又何在？

有意思的是，如果我们把这句话反过来想，即使这只钟每天有两次正确报时，依然是一只坏钟。同理，即使一个能力很差的人偶尔蒙对了一件事，他的能力也不会因这一次的幸运而提升，不是吗？和大家做如此讨论，不是抬杠，而是想告诉大家，语言是何其精彩，语言的内涵又是何其丰富，当我们在引用的时候，一定要有自己的思考。

自信平生无愧事，死后方敢对青天。

——电视剧《白鹿原》

《白鹿原》中有铁骨铮铮的族长白嘉轩，有心思深沉的乡约鹿子霖，还有忠孝节义的圣人朱先生。今天为大家推荐的这句话，就是朱先生过世后，他的学生黑娃给他送的挽联。

朱先生是关中大儒，他令人敬佩的，不仅是他的学识，更是他的为人。执教书院，他诲人不倦；造福地方，他只身犯险；查禁烟苗，他大义灭亲……他是读书人的代表，正气冲天，豪气凌云，是当之无愧的圣儒。

朱先生的学生黑娃，是白嘉轩家长工鹿三的儿子，从小最怕读书，他半生闯荡，半生坎坷，最后被迫做了土匪。但是，在经历了太多生活的磨难后，他褪去了身上的戾气，转而向书中寻找灵魂的归宿，并拜在朱先生门下。一句"自信平生无愧事，死后方敢对青天"，既寄托了黑娃对朱先生最真挚的情感，也诠释了黑娃自己的人生态度。我们可以用这句话来警示自己，也可以在适当语境用作演讲或文章的标题。

你的选择并没有错,只是你选择的方式错了!

——佚名

在小说或影视剧中,经常会有这样的情节:某人为了实现自己的目的,耍心机,弄权术,踩着别人往上爬……无所不用其极。当路走到尽头、原形毕露时,他常常会歇斯底里地大叫:我只是想改变命运,我只是想过更好的生活,我错了吗?!我想,咱们今天推荐的这句话,就是对这个问题最有力的回答。

选择的目标和达成目标的方式是两个不同的概念。学生想取得好成绩没错,可靠作弊抄个一百分就错了;商人想获得丰厚的利润没错,可靠造假发家致富就错了。选择的正确性从来都不是方式和手段正确性的保证,就如同一个人想出名不能靠杀人放火或制造绯闻一样。

这句话以"没有错""只是""错了"三个关键词连缀起来,具有很强的说服力,而且说起来朗朗上口。在日常口语交际中,我们可以用这样的句式对诡辩进行反驳,比如,我们可以这样说:"你的出发点没有错,只是你处理问题的方式错了。"

希望你的善良不是因为愚蠢。

——佚名

善良,这是做人的根本,是人性中最美丽、最动人的特质。不过,善良是分层次、分对象的,某些做法,我们不能说不善良,但这样的善良究竟值不值得提倡就另当别论了。

比如扶危济困是善良,可对那些自己不努力、坐等别人救助的人施以援手,那就是愚蠢了;再比如,胸怀大度、不计前嫌是善良,可对那些你退一尺他进一丈的人一味忍让,那就是愚蠢了。

当我们告诉自己做人要善良的时候,我们常常忽略了一个问题,那就是善良的边界,就如同我们经常忽略讲话的语境一样。对于某些人,他人的善良非但不能得到应有的回应,相反成了可以利用的愚蠢,挺让人心寒的。

在日常口语交际中,在谈及善良等相关话题时,我们可以引用这句话,并围绕它展开我们的论述,不仅可以使我们的讲话观点新颖、与众不同,而且能引发听众更深层次的思考。

> 不值得为一棵已经死了的树添肥加水。
>
> —— 电视剧《白鹿原》

电视剧《白鹿原》一开篇,讲的就是清军将领方升率领二十万虎狼之师向西安城里的革命军猛扑而来,形势万分危急。主人公白嘉轩陪同姐夫朱先生冒死闯清军大营,成功劝说方升退兵。

在回白鹿原的路上,白嘉轩问姐夫是如何说动方升的,朱先生说,其实就是一句话:"不值得为一棵已经死了的树添肥加水。"朱先生还告诉方升:"你就是把西安城杀个干净,也救不了大清朝,弄不好还落了个千古骂名。"

这句话至少可以带给我们两方面的启示。其一,就是一开始咱们讲的,人要具有审时度势、顺势而为的智慧。当大势已去时,没必要做无谓的挣扎。当我们要表达这样的意思时,可以引用这句话。

其二,这句话淋漓尽致地展现了劝说他人的要义。劝人,话不在多,正如打蛇要打七寸一样,一定要说中要害。只有一句话点醒梦中人,我们的劝说才能有效,否则只能是越劝越烦,适得其反。

> 礼貌和教养不只是干瘪单薄的客套，还有推己及人的周到和体谅。
>
> ——佚名

看到这句话的时候，我脑子里立刻浮现出一个人，这个人就是薛宝钗。在《红楼梦》中，薛宝钗的体贴周到是有口皆碑的，她的"事迹"很多，我们随便说一个。薛宝钗的哥哥薛蟠外出做生意，薛姨妈的意思是让薛蟠的侍妾香菱和自己一起住，其实，香菱心里非常羡慕宝、黛、钗等人住在大观园，特别想和宝钗一起住，又怕薛姨妈责怪，不敢说。这时，宝钗不失时机地说："既然妈有这些人做伴，不如让菱姐姐和我做伴去。我们园里又空，夜长了，我每夜作活，越多一个人岂不越好。"本是为成全香菱，给出的理由却是请香菱去陪自己，这就是宝钗的周到之处。

这不由得让人想起，王熙凤对大老远投奔来的刘姥姥，那也是火炭一般，热情得不得了。嘴上姥姥长、姥姥短，又留茶留饭，客套是真够客套，但是，少了一份真诚，甚至还有一种居高临下的傲慢。这样干瘪、单薄的客套真的与礼貌和教养不是一个概念。

愿这句话和这个小故事，能够帮助我们领悟并学会真正的礼貌和教养。

被人揭下面具是一种失败，自己摘下面具却是一种胜利。

——佚名

所谓的面具，指的就是伪装。比如，有的人内心狠毒，却把自己打扮成与人为善、人畜无害的样子，他戴的就是伪善的面具；有的人内心贪婪，却时时处处标榜自己视金钱如粪土，他戴的就是假清高的面具，等等，不一而足。

相应地，被人揭下面具，指的就是伪装被人识破，刻意维护的好形象被颠覆；而自己摘下面具，则是指自己主动卸掉伪装，向别人呈现出真实的自己。同样都是面具的脱落，一个被动，一个主动，一个迫不得已，一个心甘情愿，所以，一个失败，一个成功。

面具毕竟是面具，面具无论如何也不可能长到脸上。大家应该还记得电视剧《人民的名义》中那个藏了一墙、一床、一冰箱钱的小官巨贪赵德汉。不管他每天多么小心翼翼地戴着清正廉洁的面具，终究还是原形毕露，遭人唾骂。与其被人戳穿，狼狈不堪，不如主动卸掉伪装，战胜自己。在日常口语交际中，我们可以引用这句话来警示或讽刺那些戴面具的人，以增强我们语言的穿透力和感染力。

> 吾家洗砚池边树，朵朵花开淡墨痕。
> 不要人夸好颜色，只留清气满乾坤。
>
> ——王冕《墨梅》

《墨梅》是元代诗人、文学家、书法家、画家王冕的题画诗，大意是：池塘边的梅树花朵盛开，朵朵梅花都是用淡淡的墨水点染而成。它不想用鲜艳的色彩去取悦他人，求得夸奖，只愿散发一缕清香飘散在天地之间。"洗砚池"典出晋代书法大家王羲之"临池学书，池水尽黑"的故事，诗人与王羲之同姓，所以说"我家"。

在这首诗中，最让人回味的是"不要人夸好颜色，只留清气满乾坤"，这很容易让我们想起明代于谦的"粉身碎骨浑不怕，要留清白在人间"，也很容易让我们想起一句流行语"走自己的路，让别人去说吧"。

王冕出身农家，虽才华横溢，却屡试不中。面对世俗的污浊，诗人借梅自喻，表达了自己不同流合污、不求俗名、清正高洁、独善其身的人生态度。诗中一个"淡"字、一个"满"字让人击节叹赏。

在以立世、修身等为主题的演讲中，或者在竞职竞聘演讲中，我们都可以引用"不要人夸好颜色，只留清气满乾坤"来表明自己的心迹。

> 智商过剩的年代,走心是唯一的技巧。
>
> ——佚名

这句话说得很妙,也很耐人寻味。"走心"是放在心上,经心、专心的意思。"走心"原是方言,现在已经成为一个热度非常高的网络流行语。而"智商过剩"暗指的是大家都很精明、智商都不低。在大家都非常精明的情况下,如果说我们做事或与人相处有什么技巧的话,那么唯一的技巧就是走心。

这样的观点,我是极为赞同的。我在讲沟通的时候也经常讲,沟通无技巧,用心最重要。我们首先应该用心对待人、对待事,然后才谈得到方式方法的问题。就像《红楼梦》里凤姐对刘姥姥也有必要的礼貌,或者说是很讲沟通技巧的,但这样的礼貌和技巧是高高在上的,和凤姐对贾母的处处留心、事事周到是截然不同的。

心到,一切皆到。与其花心思在技巧的学习上,不如捧出一颗心去真诚地对人对事。当我们要表达这样的意思时,可以引用这句话,以增强我们语言的思想性和力度。

> 决定你的人生的不是你的能力，而是你的选择。
>
> ——佚名

备受大家喜爱的电视节目《朗读者》第三期是关于"选择"的，节目卷首语中有这样一段话："生存还是毁灭，这是一个永恒的选择题。以至于到最后，我们成为什么样的人，可能不在于我们的能力，而在于我们的选择。"

是啊，生命的历程，就是不断选择的过程。如果说能力似刀，那么选择就是我们决定将刀砍向哪里。方向对了，人生就差不到哪里去。所以，对一个人来讲，选择往往比能力还要重要。

一个人成熟的标志之一，就是学会选择，并且学会对自己的选择负责，就像那句流行语所说的："自己选的路，即使哭着也要走下去。"对于选择，最怕的是选择的时候犹豫不决，选择之后又嘀咕后悔。如果我们之前没有认真想过"选择"的问题，希望这句话能引起我们的思考。

在与选择和人生有关的演讲和沟通中，我们也可以用这句话来引出我们的观点，使我们的讲话有如行云流水，一气呵成。

我可以不知道我是谁，但我必须知道我不是谁。

—— 王朔

这句话很容易让我们想到一个词，那就是"迷失"。不知大家有没有这样的感觉，或许在某一个晨曦微露的黎明，或许在某一个光影斑驳的午后，或许在某一个暮云四合的黄昏，我们突然有一瞬间的恍惚：我在哪里？我是谁？

"我是谁"，这是一个永恒的问题。不管是哲学家、作家还是凡人，都无法规避对这个问题的思考。对于这个问题，王朔的观点意味深长。他认为，我们可以先不用去管自己是谁，但是一定要先搞清楚自己不是谁。

"我不是谁"，实际上就是为自己框定了一个底线，知道自己不是谁，也就相应地知道了自己不应该做什么。比如，知道自己不是势利小人，就不会趋炎附势；知道自己不是碌碌之辈，就一定会努力奋进。

君子藏器于身，待时而动。

——《周易》

这句话中的"器"，指的是才干。我们至少可以从两方面来理解这句话：

首先，这句话告诉我们即使有卓越的才能、超群的技艺，也要懂得收敛锋芒，不要到处炫耀。我们需要的只是在必要的时刻展现自己的才华，就像君子所做的一样。

其次，这句话告诉我们平时要注重加强自我修养，提升自己的综合实力。这样，一旦时机成熟或者机会来临，我们就可以展现自己的才华，有所作为。

对于动不动就发朋友圈的现代人，藏器于身并不是一件容易的事。现在，我们更倾向于淋漓尽致地展现自己。其实，展现自己并没有错，但是，谦逊的美德更不能丢，不要把展现变成庸俗的炫耀，要随时随地注意提升自己，这应该是这句古语带给我们现代人的启示。

见人不正,虽贵不敬也;见人有污,虽尊不下也。

——《史记》

看到心术不正的人,虽然(他)富贵显赫,我们也不尊敬他;看到行为有污点的人,虽然(他)身居高位,我们也不会屈从于(他)。

这句话告诉我们,尊敬一个人或者服从一个人,不在于他的职位高低,而在于他的品德如何。一个人即使身居高位、尊贵无比,却心术不正、品行不端,这样的人也不值得我们尊重和服从。

这句话说说容易,要真的做起来并不容易。生活在尘世中,很多时候,人们不得不屈从于权力与地位。即便如此,这句话也应该成为我们内心美好而纯粹的追求,成为熙熙攘攘尘世的一股清流。

这是一句很有气节的话,在彰显气节与风骨的演讲中,我们可以引用这句话,使我们的演讲更显厚重、更有力度。

> 你若有一个不屈的灵魂，脚下就会有一片坚实的土地。
>
> —— 汪国真

汪国真在《旅程》中写道："垂下头颅 / 只是为了思想扬起 / 你若有一个不屈的灵魂 / 脚下就会有一片坚实的土地 / 无论走向何方 / 都会有无数双眼睛跟随你 / 从别人那里 / 我们认识了自己。"

这句话语句铿锵，含义深刻，昂扬向上。它所表达的是一个人只要意志坚定，充满正能量，永远不服输，就一定能闯出自己的一片天地。

这句诗非常适合在演讲中引用。我们既可以用它作为开场白，充满诗意而又饱含激情地开启我们的演讲，又可以用它做结尾，使我们的演讲收束有力，余音绕梁。

当然，除了直接引用，我们还可以根据不同的语境和需要，对这句诗稍加改动，比如，我们可以这样说："你若有一颗善良的心灵，头上就会有一片灿烂的天空。""你若有一双智慧的眼睛，眼前就会有一条平坦的道路。"

人类是唯一会脸红的动物，也是唯一该脸红的动物。

——［美］马克·吐温

　　这句话看起来挺普通，甚至有点啰唆，仔细琢磨一下，真是意味深长。

　　"会脸红"，说的是一种自然现象。就像达尔文告诉我们的，在所有生物当中，只有人才会因情感情绪的变化而脸红，比如害羞或者恐惧，都会使人脸红，很多人不是有过上台演讲因为紧张恐惧而脸红心跳的经历吗？

　　那么，什么是"该脸红"呢？该脸红，指的是人应该为自己的恶念、恶行而感到内疚，人应该因羞愧和负罪感而脸红。在这里，一个"该"字所表达的含义是非常丰富的，我们可以理解为它暗指人有太多的恶念、恶行，所以，人应该为此而脸红。

　　在抨击社会丑恶现象的演讲中，我们可以用这句话来开场，非常自然也非常贴切地引出我们表达的主旨和内容，更有效地激发听众的倾听热情，引发听众的思考和共鸣。

> 人类的痛苦，莫过于在大海中渴死。
>
> ——［德］尼采

众所周知，海水是不能喝的，人在汪洋之中，按说最不缺的就是水，但是，人们不能用这样的水来解渴，只能在"水"中接受被渴死的命运。

人在沙漠中也会渴死，但是，置身于沙漠中因缺水而死带给人们的感受，和放眼望去都是水但就是不能喝带给人们的感受，是截然不同的。前者是没有之痛，后者是有却不能取之痛。比起没有，有却不能取更加痛彻心扉。

这样的痛苦，不仅存在于哲学家的深刻思考和精彩表述中，同样也存在于我们的现实生活中。比如胃部不适的人面对琳琅满目的美食，比如风烛残年的老人来到游乐场，体会到的多半就是这样的感受。

在日常口语交际中，当我们要表达不是因为"没有"而是因为"不能"而带来的痛苦时，可以用这句话以增强我们语言的深刻性和穿透力，给听众留下深刻的印象。

我贴在地面步行，不在云端跳舞。

——［英］维特根斯坦

维特根斯坦出生于奥地利，后来加入英国籍，是20世纪最有影响的哲学家之一。

我们来看他的这句话，应该说，这句话很有画面感。"我贴在地面步行"让我们联想到的是脚踏实地，一步一个脚印；"在云端跳舞"让我们联想到的是虚无缥缈，华而不实。不可否认，谁都艳羡"在云端跳舞"的潇洒，但是，这份潇洒是不踏实的，也是不能长久的，因为它没有依托。就像我们干工作，云里雾里地谈未来、画大饼固然让人兴奋激动，可如果没人去干，那就只能是镜花水月一场空。

在日常口语交际中，我们可以用这句话来表达自己求真务实、踏踏实实的工作态度。在总结述职时，我们既可以用这句话作为开场白，引出我们的工作态度和工作业绩，也可以用这句话来结尾，以达到收束有力、升华主题、点亮全篇的效果，使我们的总结述职更加出彩。

> "我"字，就是一个"找"，找到了命中的一撇，便明心见性。
>
> ——佚名

用拆字的方法诠释字义，既形象直观又生动有趣，而且含义深刻。像我们熟知的对"企"字、"赢"字等的解释运用的都是拆字法，这句话中的"我"也是如此。

我是谁？我从哪里来？我要到哪里去？这是哲学的三大终极命题，我们生命的过程就是寻找答案的过程。所以，"我"字最基础、最庞大的部分就是一个"找"字，"找"占了"我"字的99%强，剩下的不足1%，才是那轻飘飘的一撇。可就是这么一点点，对整个字来说至关重要。没有它，"我"就不成其为"我"。只有补全这一撇，找到了生命的价值和意义，"我"才能完整，生命才会圆满。

在演讲中，特别是产品发布、方案推广、竞聘演讲等需要彰显情怀，表达演讲者对事业、企业、产品等的挚爱时，引用这句话是很出彩的。比如，我们可以这样说——我非常喜欢一句话："'我'字，就是一个'找'，找到了命中的一撇，便明心见性。"而××（事业、公司、产品等）就是我一直在寻找的那一撇，我很幸运，我找到了它！

> 假使你有两块面包,你得用一块去换一朵水仙花。
>
> —— 穆罕默德

面包代表物质,水仙代表精神,人需要物质满足,更要追求精神。"面包"和"水仙"究竟是一种什么关系?很多人会想,两块面包我还吃不饱呢,等我吃饱了,等我富裕了,我再去用面包换水仙花吧。可是,抱有这种想法的人,似乎永远不会有"够"的时候,因为,拼命地、无休止地追求物质上的满足,这就是他们生活的全部,精神在他们那里是缺位的。

所以,这句话最震撼我们的地方就是有两块面包的时候,就拿出一块来去换水仙。换言之,即使在生活还不太富裕的情况下,也不要停止对精神的追求。我们可能没有豪宅,依然可以把逼仄的斗室打扫得窗明几净,插一束花,挂一幅画,给精神一个家;我们可能没有大牌服饰,依然可以在书香的浸染中"腹有诗书气自华"。

正所谓"欲壑难填",当一个人只想"面包",只追求物质的时候,他的生活是混沌、乏味的;只有把眼光投向"水仙",我们的生活才能变得清澈起来、生动起来。著名教育家陶行知经常用这句话来教育学生,当我们想阐述物质与精神的关系时,也可以用这句话来为我们的语言增添一抹瑰丽的色彩。

> 冷漠无情，就是灵魂的瘫痪，就是过早的死亡。
>
> ——［俄］契诃夫

《变色龙》《套中人》《第六病室》……俄国小说家契诃夫的这些名作，我们都耳熟能详。作为19世纪末最后一位批判现实主义艺术大师，契诃夫对社会和人性的剖析一针见血、醍醐灌顶。

具体到我们分享的这句话，大家能够非常清晰地感受到这是对冷漠无情的鞭挞。一个人即使生命力再旺盛，再生龙活虎，如果冷漠无情，这个人也是个"死人"，契诃夫对冷漠无情的控诉力透纸背。

现在我们越来越感觉人和人之间的关系变淡了，人与人之间越来越冷漠了。这一方面是受大环境的影响，另一方面也源于我们更多地沉浸在自己的情绪中，大家似乎已经没有兴趣也没有精力去关心他人的喜怒哀乐。每个人辐射给他人的温暖少了，我们周围的空气自然也就变得冷了。当我们要表达自己对这样一种现象的忧虑、不认可或者号召大家走出自己的小圈子，告别冷漠的时候，引用这句话再合适不过了，它可以增强我们思想的深刻性和语言的冲击力，给听众一个强刺激，使大家印象更加深刻。

知过非难，改过为难；言善非难，行善为难。

—— 司马光《资治通鉴》

这句话出自司马光的《资治通鉴》，意思是：知道自己的过错并不难，改正过错才是难的；说好话并不难，做好事才是难的。

《资治通鉴》是古代学者不可不读之书，文字优美，叙事生动，有相当高的文学价值和思想内涵。这句话揭示了人性的弱点，催人深思，令人警醒。

现在很多人都爱讲一句话："知道很多道理，仍然过不好这一生。"是道理错了吗？当然不是！问题的根源在于人们没有做到知行合一。明明知道自己错了，就是不愿意改正；明明嘴上喊着要干一番事业，一遇到困难就退缩了……这是很多人的通病，也是平庸与优秀的分水岭。

这句话强调了知行合一和行动的重要性。它语句工整，朗朗上口，便于记忆，容易理解，是加强自我修养的良方，也是口语表达中不可多得的金句。在以重视行动、强化执行、想到更要做到等为主旨的演讲中，我们可以引用这句话来增强语言的表现力和感染力。

如果你没了战衣就什么都不是，那你就不配拥有它。

——电影《蜘蛛侠》

这句话耐人寻味。我认为，它所表达的是我们要足够好、足够优秀，这样才能与我们获得的相匹配，否则，即使获得了，充其量也就是偶遇，不会也不可能长久。

拿事业来说吧，谁都想要事业有成，拥有一定的社会地位，获得他人的尊重。但是，如果命运拿走你现在的名利地位，你会怎么样？如果你能重新站起来，你是"打不死的小强"，那就说明你有足够的意志和能力获得并保有事业成就，离你而去的一切也必定会回归，甚至比以前更辉煌。相反，如果你再也爬不起来了，那么，失去的就永远失去了，曾经的拥有就是命运的一个玩笑，你根本没有能力把它永远留在身边。历朝历代多少亡国之君不就是最好的证明吗？

在日常口语交际中，我们可以用这句话来提醒那些一心"追逐"事业或爱情的人，在他们想要获得更大的成就、更好的伴侣的时候，自己有没有准备好？自己配不配拥有？

> 只要你从中收获了经验,做什么都不算是浪费时间。
>
> ——[法]罗丹

经常会听到有人说:"这件事白干了,累没少受,最后也没什么结果。"每逢此时,我都会给他们讲我接触过的学员的故事。

来到我课堂上的有很多企业老总,我听不止一位老总讲过这样的经历:公司参与竞标,前期花了很多心血,各项准备工作做得都非常到位,但是,在讲标环节因为自己没有讲好,本该到手的项目不翼而飞。由此,他们深切地认识到演讲能力是多么重要,所以一刻也不敢再耽误,马上报名来学演讲。

老总们的经历可以说是对罗丹这句话最好的诠释。虽然从客观结果上看,他们付出了很多努力讲标却没有成功,但是,从另一个角度看,他们获得了经验,吸取了教训,通过这样的经历获得了成长。所以,即使这一次失败了,他们的时间和心血也没有白费。

在日常口语交际中,我们可以用这句话安慰那些因为没有达到预期的结果而情绪低落的人。同时,我们也可以在演讲中引用这句话,引出我们对付出、经验与获得的思考。

我们飞得越高，我们在那些不能飞的人眼中的形象就越渺小。

——［德］尼采

    尼采的这句话，首先让我想到一句流行语："他不是不合群，只是不合你们的群。"必须承认，一个人越有梦想，越追求更高层次的东西，他在那些庸庸碌碌之辈的眼中，就越另类，越古怪，越不合群。这样的意思经由哲学家深刻思想的梳理和精彩语言的呈现，就形成了我们看到的这震撼人心的句子。

    飞短流长是人的本性，而且，越是在精神层面没有什么追求的人，越会把注意力放在对别人指指点点、说三道四上。如果我们也身陷这样的困扰之中，想想这句话就可以释怀了。他们之所以认为我们这也不对那也不好，是因为我们和他们不在一个高度上，我们比他们飞得高。此外，我们还可以把这句话嵌入演讲中，表达不要太过在意世俗的目光和他人的评论，潇洒做自己的豪迈之情。

谁都会犯错误，所以人们才会在铅笔的另一头装上橡皮。

——美国动画片《海绵宝宝》

《海绵宝宝》讲的是海绵宝宝和他的好朋友派大星、邻居章鱼哥、上司蟹老板等人的搞笑故事。自1999年上映以来，海绵宝宝这一方形黄色海绵的形象已深入人心。

《海绵宝宝》不仅有幽默滑稽的剧情，还有睿智深刻的台词。就像我今天为大家推荐的这句，它通过日常生活中最为常见的现象——铅笔的一头装上橡皮，诠释了谁都可能犯错，犯错是不可避免的道理。正因为书写时犯错不可避免而且经常发生，所以，人们才在铅笔的一头装上橡皮，以便及时擦掉错误的，重新写上正确的，而不是对着写错的字、做错的题捶胸顿足，束手无策。同样的道理，当我们在人生的答卷上写错了的时候，我们最应该做的不也是及时擦掉再写上一个正确的，而不是徒劳无益地懊恼自责吗？

在日常口语交际中，我们可以用这句话来诠释犯错不可避免，面对错误及时改正远比懊悔自责更重要这个道理。这样既可以于平淡之中彰显一份哲思，又能以接地气的表达俘获听众的心灵。

善良是很珍贵的,但善良没有长出牙齿来,就是软弱。

——柏邦妮

应该说,这句话还是很有几分道理的。人应该善良,但是不能走进泛善良的误区。唐僧无疑是慈悲与善良的化身,"扫地不伤蝼蚁命,爱惜飞蛾纱罩灯",对小动物都如此,对人那就更不用说了。可一旦遇到妖魔鬼怪,他的善良还有用吗?

所以,在以一颗良善之心对待世界、对待他人的同时,我们也要让善良长出牙齿。所谓让善良长出牙齿,实际上讲的就是善良要区分对象,对恶人不仅不能用君子之心度小人之腹,幻想着以德报怨去感召他们,还要狠狠地"咬"上一口。对恶的善良实际上是在助长恶,是稀里糊涂地做了恶的帮凶。

在涉及是非善恶等话题的演讲中,我们可以引用这句话来阐述自己的观点,从这个角度出发能够更客观地诠释善良,也更能彰显演讲者思想的深刻性。此外,我们也可以用这句话来规劝身边那些心地过于单纯、对任何人都一味善良到底的人,使他们明白对某些人来说,暴力是他们唯一听得懂的语言,我们秉持的善良,在他们那里只不过是软弱可欺而已。

> 邦有道，贫且贱焉，耻也；邦无道，富且贵焉，耻也。
>
> ——《论语》

这句话的意思是："国家有道而自己贫贱，是耻辱；国家无道而自己富贵，也是耻辱。"从中我们可以看出，对于那些只追求自己尊荣富贵，不管国家、不顾大众的行为，孔子认为那是耻辱的。由此，我想起了北大教授钱理群的一段话，他说："我们的一些大学，包括北京大学，正在培养一些'精致的利己主义者'，他们高智商，世俗，老到，善于表演，懂得配合，更善于利用体制达到自己的目的。这种人一旦掌握权力，比一般的贪官污吏危害更大。"说到底，"精致的利己主义者"就是不管国家怎么样，不管别人怎么样，我都要"富且贵"，站在社会的顶层，俯视芸芸众生的人，"富且贵"是他们根本的追求，也是他们极致的荣耀。即使用两千多年前的儒家思想去衡量，"精致的利己主义者"也是可耻的，更不要说用当代的标准去考量了。这也正是孔子这句话的现实意义所在。

在演讲及沟通中，我们可以引用这句话来抨击"精致的利己主义者"以及诸如此类的人或事，弘扬正确的价值观。

欲为诸佛龙象,先做众生马牛。

——《华严经》

  禅诗偈语中蕴含着人生的大智慧。我们可以从这些智慧的语言中汲取营养,并用这些语言丰富我们的口语表达。

  就拿这句偈语来说吧,我们都知道,龙是水中最威猛的动物,象是陆地上力大无穷的动物,佛家称那些有大能者为龙象。这句偈子是说,如果想成为诸佛中有大能者,就要先做众生的马牛,为众生服务。

  咱们不谈佛法,我要讲的是放到现实生活中,我们该如何理解这句话。这句话告诉我们:要想取得大的成就,就要心系他人,要从一点一滴的实事做起,心甘情愿地服务他人。正所谓所得和付出是对等的,荣耀和责任是相连的,只有在服务他人的过程中才能更好地成就自己。

  类似的句子,我们接触过不少,这句偈语又为我们提供了一个新的表达角度。在演讲和沟通中引用这句偈语,既可以彰显思想的深刻性,又可以使表达更加生动、更加鲜活。

> 我们只有一条命,要卖给识货的人。
>
> —— 林清玄

此句出自林清玄的散文《鸳鸯香炉》,原句为:"我们只有一条命,要卖给识货的人。我们只有一条道路,要能有情感的冲动,也应该兼具理性的沉思。"人生中有各种各样的不如意,遇人不淑就是其中之一。不管是爱错了人、交错了友,还是信任了不该信任的人,追随了不值得追随的领导……都会给我们造成很大的打击和伤害,以至让我们怀疑人生。

这句话豁达大气,掷地有声。他告诉我们不值得为那样的人痛苦!人生短暂,有限的时间要给"识货"的人。何为"识货"的人?就是了解我们、欣赏我们、和我们有默契、给我们舞台的人。至于那些不"识货"的人,看穿他们的嘴脸是幸运,与他们分道扬镳更是幸运。

这句话可以为人们疗伤,帮助大家走出阴影,重新振作起来。此外,在演讲中引用这句话也是不错的。我们既可以直接引用,也可以稍加改动,比如,把"识货的人"改为"某某事""某某工作"等,既可以有效地表达我们对人对事的情感,又不失风趣幽默。

抓在手中的东西虽小,也胜过美妙的幻想。

——《伊索寓言》

这句话告诉我们的是该如何对待现实和幻想。有一句流行语,叫作:"理想很丰满,现实很骨感。"与美好的幻想相比,现实往往会显得黯然失色。

纵使现实再"骨感"、再无趣、再不好接受,它也是实实在在的存在,是我们已经把握在手中的。我们不能因为它不如幻想中的美好就拒绝它,屏蔽它。瑶池的仙境再美,我们也住不进去;自己的斗室再小,也是身心的归宿。

所以,不要眼高手低、好高骛远,这就是这句话带给我们的启示。在工作中,很多人都有一个通病,就是爱做一个很宏观的计划,爱描绘一个非常绚烂的未来,眼睛总往高处看、远处看,对当下的工作却并不热心或全无思路。如果你是团队领导者,对这样的下属,就可以用这句话进行教育和提醒。

另外,在演讲中,我们也可以引用这句话来表达自己不虚华浮夸、脚踏实地做好工作的决心和态度,以增强语言的表现力和感染力。

势利纷华，不近者为洁，近之而不染者尤洁。
——《菜根谭》

司马迁说过："天下熙熙，皆为利来；天下攘攘，皆为利往。"面对大千世界的名利富贵，要想不为诱惑所动，最直接的办法就是远离。不踏入世间的名利场，就比较容易做到无欲无求，洁身自好。

可是，在现实生活中，又有几人能"采菊东篱下，悠然见南山"呢？作为芸芸众生的我们，不可避免地要在尘世间沉浮。混迹于世俗的名利场，却能不被其所左右，"出淤泥而不染"，这才是真正的洁身自好，这样的人才更值得人们尊敬。

这句话既可以用于对他人的赞美，也是我们加强自身修养的准则。同时，作为总裁或团队领导者，你还可以引用这句话来激励下属，号召大家自觉抵制职场中甩锅、敷衍了事等消极文化。比如，我们可以这样说："目前，公司在管理上确实有一些问题。不过，'势利纷华，不近者为洁，近之而不染者尤洁'。我不希望看到大家一边抱怨吐槽，一边同流合污。我们需要做的是一起行动，一起改变！"

> 刻薄不赚钱,忠厚不折本。
>
> ——冯梦龙《醒世恒言》

《醒世恒言·卖油郎独占花魁》中写道:"那些和尚们也闻知秦重卖油之名,他的油比别人又好又贱,单单作成他。所以一连这九日,秦重只在昭庆寺走动。正是:刻薄不赚钱,忠厚不折本。"

做生意不能刻薄藏奸,要忠厚本分。刻薄藏奸赚不到钱,忠厚本分亏不了本,这就是"刻薄不赚钱,忠厚不折本"的本义。这句话是生意经,也是为人处世之道。

在演讲和沟通中,我们可以取这句话的本义,也可以用它的引申义去诠释我们的观点。比如,当我们向客户介绍自己的产品时,我们可以这样说:"我们笃信'刻薄不赚钱,忠厚不折本',始终坚持为广大新老客户提供质优价廉的产品……"

另外,如果你是企业总裁,你还可以这样说:"有道是'刻薄不赚钱,忠厚不折本'。公司不会亏待踏踏实实工作的员工,也不会纵容刻薄藏奸的员工。"以此来弘扬积极、健康的企业文化。

一半黑时还有骨，十分红处便成灰。

——清 徐宗干

炭火刚刚燃起的时候，那些没烧着的黑炭还有炭的形状，等到完全烧红了、烧透了，就都化成灰，再难辨认了。

这副对联借炭火来讽刺官场的丑恶现象，令人拍案叫绝。一个人初入官场时，多少还能保有一丝本真，有一丝骨气。在官场浸淫久了，他就会沾染上骄横跋扈、媚上欺下的官气，就像烧尽了的炭火，飞黄腾达之时也正是骨气全无、化成灰烬之时。

除了鞭挞官场的丑恶，这副对联也揭示了做人的道理，它告诉我们：一个人挨点批评、受点挫折不是坏事，这就像烧了一半的炭火，虽然没有达到极致，但还有骨气，还有空间。一旦大红大紫，顺风顺水，被包围在一片赞扬与喝彩中，恐怕也就到了盛极而衰的时刻了。月满则亏，水满则溢，登高必跌重，说的都是这个道理。

著名相声演员郭德纲曾用这副对联提点徒弟戒骄戒躁，我们也应时常以此来自警。同时，我们还可以将这副对联嵌入演讲之中，阐述人生高低起落和事物发展变化中的辩证关系，使我们的表达更深刻，也更有韵味。

> 当心被束缚久了,即使肢体自由也没了生活的方向。
>
> ——沈石溪《老猴赫尼》

赫尼是一只被抓捕的猴子,成年累月在耍猴人的指挥下表演猴戏。但是,赫尼又是一只野性难驯的猴子,一直向往大森林的自由。为了防止它逃跑,耍猴人只得用一条细细的铁链将它锁住。多年以后,耍猴人年纪大了,加上身体不好,就不再耍猴了。赫尼因为性子野卖不掉,于是被放回了山林。让人意想不到的是,仅仅三天之后,赫尼又回来了,不仅主动表演猴戏给人看,而且还主动套上了那条多年来让它深恶痛绝的铁链。多年的束缚,使赫尼完全丧失了在自由天地中觅食求生的本领,即使它身上的铁链解除了,即使它重新回到了它所向往的大自然,它也不知道该怎么活了。

虽然人们不可能像赫尼那样被套上铁链,但是,又有多少人的心灵是自由奔放的呢?日复一日,人们被尘世的名利纷扰所禁锢,按照固定的模式思考、行动,久而久之,我们就成了现实版的赫尼。

在演讲中,我们可以引用这句话阐述不要被传统思维和习惯做法所束缚,要追求精神和思想自由等观点,以增强语言的感染力。

> 追逐影子的人，自己就是影子。
>
> ——［古希腊］荷马

相传荷马创作了彪炳史册的《荷马史诗》，在很长时间里影响了西方的宗教、文化和伦理观。我们可以从两个方面来理解这句话：

首先，影子是虚幻的，不真实的，一个人如果心心念念要去追逐虚幻的影子，注定会竹篮打水一场空。不仅如此，因为设定了不切实际的人生目标，所以，即使再多的努力也都是虚无缥缈的，就如同拿长矛刺风车的堂吉诃德，这样的人生实际上就是影子人生。在演讲和沟通中，我们可以取这层意思，表达为人做事要脚踏实地、不要做不切实际的空想等意思。

其次，我们还可以把"影子"理解为"榜样"。崇拜榜样没有错，但是全盘复制榜样就不可取了。一味模仿别人，我们就会丧失自我。我们做人做事，最忌讳的就是成为别人的影子。在以彰显个性、创新进取等为主题的演讲中，我们可以用这句话来丰富我们的表达。比如，我们可以这样说："'追逐影子的人，自己就是影子。'我们做产品，一定要有自己的特色，千万不能做成别人的影子。"

诚者,天之道也;诚之者,人之道也。

——孟子

这是孟子关于"诚"的论述。前半句,孟子告诉我们,"诚"是天道,是宇宙间固有的法则,是不容撼动也不可撼动的人间正道。后半句的"诚之"就是"使之诚",讲的是我们每个人都要做到"诚",这是人道,是我们为人处世的根本。

"诚"是天道,所以,我们对"诚"要怀有敬畏之心,正所谓"举头三尺有神明"。影视作品中经常会有这样的情节,一个人对另一个人说:"就这样吧,我们做点假又没人会发现。"另一个人则会义正词严地说:"人不知道,天知道。"不诚信的做法或许能蒙得过一时,但终究逃不过世道轮回、因果循环。所以,"诚之"是我们立于天地之间必须恪守的行为准则,也是我们敬畏之心的根本体现。

这句话,我们既可以作为座右铭,时刻提醒自己做到诚实守信,又可以在以诚信为主题的演讲中加以引用,进一步加深听众对于"诚"的认识,更好地弘扬"诚"的精神。

人，可以白手起家，但不可以手无寸铁！

——梁继璋

这是香港著名电台节目主持人、作家梁继璋《给儿子的备忘录》里的一句话，非常精辟。所谓"白手起家"，可以理解为一个人的起点不高，比如三国时期的刘备，虽然拉了一面"皇叔"的大旗，但毕竟是"织席贩履"出身，可以算是白手起家的典型代表了。

但是，起点不高并不等于手无寸铁。这里的"铁"，可以理解为一个人的眼界、心胸、能力、所受的教育等等。总之，人要有拼搏的资本。白手起家的刘备，正是凭借手中礼贤下士、知人善任的"铁"，取得了"三分天下有其一"的成就。

我们经常会听到一些人抱怨说："为什么别人可以白手起家，而我不行？老天对我真是太不公平了！"其实，不是老天不公平，而是他们只看到了别人较低的起点，却没有看到别人的过人之处，没有看到人家的"铁"。在演讲中，我们可以引用这句话来阐述提升自身能力的重要性，如果你是老总或团队领导者，还可以引用这句话来要求员工。这样的话既清楚明确，又形象生动，一定能既入耳又入心。

忠心，就是一把剑插入心。

——佚名

这句话运用了形象思维的方法，根据"忠"的字形，把"中"字的一竖演绎为一把宝剑，这把宝剑一插到底，直抵"心"字，直入心间，这就是忠心。

这样的表达方式，尤其是那个"插"字，有着非常强烈的既视感，而且非常具有感染力，让人听了禁不住内心涌起波澜。插入心里和刻入心里一样，强度都比放在心里要强，分量也更重，同时，也更凸显了讲话者的态度。

古人讲忠孝节义。如果说古代的"忠"更多的是忠于某个具体的人，那么现代人的"忠"更多的是表现为忠于使命、忠于职守、忠于企业等等。职场人在演讲中不可避免地会涉及"忠"的话题，引用这句话可以更好地彰显我们对工作、对企业的赤子情怀。比如，在竞聘演讲中，我们可以这样开场："我记得有一句话说：'忠心，就是一把剑插入心。'在我的心里也有这样一把剑，那就是对××（公司或工作名）的一腔赤诚。正因为如此，所以我来参加今天的竞聘。"

> 所谓奴隶，就是欲望战胜理性的人。
>
> ——［古希腊］亚里士多德

看到这句话，我们的脑海中不可避免地会闪现出奴隶被主人鞭打、被枷锁束缚的凄惨画面。奴隶的生活生不如死，谁也不愿意做奴隶，但是因为欲望，人们往往又会不自觉地把自己变成奴隶。

如果说现实中的枷锁束缚的是身体的自由，那么，欲望的枷锁束缚的就是人心灵的自由。当人的欲望战胜理性，当人们被欲望所左右的时候，就等于给自己的心灵套上了枷锁，变成了不折不扣的奴隶。

当今社会诱惑很多，人的欲望也变得越来越难以满足，这句话也就更具有现实意义。它可以随时提醒我们，不要被欲望所控制，更不要把满足各种欲望设定为人生的唯一目标和成功的唯一标准。

此外，在以人生思考等为主题的演讲中，我们也可以引用这句话来阐述我们应该以理性的态度对待生活，摆脱欲望的束缚，使人生变得更洒脱、更有意义的观点，使表达更深刻、更有冲击力。

> 没有对和错这件事,只有独一无二这件事。
>
> —— 陶虹

在综艺节目《演员的诞生》中,陶虹和彭昱畅演出《末代皇后》。开拍前,当彭昱畅表示有点紧张怕演不好时,陶虹很耐心地开导他:"演戏没有对与错的事,只有独一无二这件事。他们演永远演不成你这样,你也没必要演成他们那样。"于是,这句话走进了人们的心里。

陶虹的这句话,虽然讲的是表演,但是,对我们所有人来说都有意义。一般人做事总喜欢找一个参照标准,按照这个标准去衡量自己做的是对还是不对。实际上,很多事情,特别是一些开创性的工作,是没有对错的参照标准的,过分拘泥于外界的评价标准,反而会束手束脚,失去自己的风格和特色。

在工作中,不管是领导对下属,还是师父对徒弟,都可以用这句话来鼓励他们,激发其大胆创新的激情。在演讲中,我们也可以引用这句话来彰显个性。比如,在向客户介绍方案时,我们可以这样说:"有一句话说得特别好,叫:'没有对和错这件事,只有独一无二这件事'。在方案中,我们秉承了这样的原则,将个性化坚持到底……"

真理属于人类，谬误属于时代。

——［德］歌德

德国著名思想家、作家歌德的这句话，讲的是一个宏观视角和微观视角的问题。从人类发展的宏观视角看，人类一直在探寻真理，并终将揭示真理，所以说"真理属于人类"。

在追寻真理的过程中，人类会犯这样那样的错误，比如，在很长一段时间里，人类认为地球是宇宙的中心。但是，不管在某一特定的时段，人类会产生多么荒谬的认知，都将被真理所战胜。所以，谬误只属于某个时代，人类有足够的能力去纠错并重新回归真理的轨道。

这句话对仗工整，充满哲思，铿锵有力。在与他人讨论真理与谬误等哲学命题时，我们可以引用这句话来为表达增色。另外，我们还可以把它引入演讲，或对其稍加改动，以表达特定的意思。比如，我们可以这样说："未来属于我们，困难属于当下。由于经济环境等方面的原因，我们目前的销售情况不够理想。只要我们上下齐心合力，大家拧成一股绳，主动作为，就一定能够战胜眼前的困难，创造明天的辉煌。"

> 红肿之处，艳若桃花；溃烂之时，美如乳酪。
>
> ——鲁迅《人生论》

如果不结合语境，我们无法理解这句话是什么意思。它出自鲁迅的《人生论》，鲁迅写道："即使无名肿毒，倘若生在中国人身上，也便'红肿之处，艳若桃花；溃烂之时，美如乳酪'。"至此，我们理解了鲁迅讽刺的是"打肿脸充胖子"的浅薄以及自欺欺人、雕琢粉饰的虚伪。

本来嘛，身上长了一个脓包，肯定是又疼又痒又胀，套用现在一句流行语就是"这是病，得治"。要命的是，长包的人非但不割肉挖脓，积极治疗，还要把这个包说成美得不可方物，这不是瞪着眼说瞎话吗？

别以为鲁迅说得极端，在现实生活中，很多人都是如此。对自己的缺点和错误，不是以积极的态度加以对待并改正，而是千方百计找借口去掩盖，比如把鲁莽说成率直，把胆怯说成谨慎，把虚荣说成自尊，等等。总之，就是把自己的缺点包装成优势，就如同对着身上的红肿赞其"艳若桃花""美如乳酪"一样。对这样的人，我们可以引用这句话来讽刺他们，以促其醒悟。

就算要出卖灵魂，也要找个付得起价钱的人。

——［德］歌德

这句话暗示的是轻蔑。在日常口语交际中，我们可以用它来表达不屑、拒绝等情感。

为什么这样讲呢？我们都知道，对大多数人而言，出卖灵魂是一种耻辱。换言之，大多数人是不肯出卖自己的灵魂、做愧对天地良心的事的，这是做人的底线。不到万不得已，人们是不会突破这一底线的。

从经济学的角度讲，出卖自己的灵魂去做坏事，这是一件"高风险"的事情，高风险就要有高收益，如果别人给一点蝇头小利就出卖自己的灵魂，那是非常"划不来"的。所以，这句半开玩笑的话，表面上讲的是买卖，实际上讲的是操守。我认识一个人，他掌握着公司的核心技术，对公司非常忠诚。竞争对手一直想挖他过去，甚至要花重金买他手里的技术，他当时对对方说的就是这句"就算要出卖灵魂，也要找个付得起价钱的人"。

> 唯天下之至诚能胜天下之至伪，唯天下之至拙能胜天下之至巧。
>
> ——曾国藩

什么是"诚"？诚实、诚信；什么是"伪"？伪装、虚伪；什么是"拙"？笨拙、愚拙；什么是"巧"？技巧、机巧。如果我们画一个坐标，那么，诚与伪、拙与巧是分别位于坐标的两极的。如果按照以恶制恶、以暴制暴的逻辑，那么，对虚伪的人要更加虚伪地对待他们；对投机取巧的人，要用更高超的机巧去战胜他们。

但是，曾国藩告诉我们，能够战胜至伪的唯有至诚，能够战胜至巧的唯有至拙，不是以毒攻毒，而是以水克火、以柔克刚。想想也确实是这么个道理。如果以虚伪去对虚伪，以机巧去对机巧，人们就会陷在虚伪和机巧的死循环中，你高一尺我高一丈，无尽无休。只有跳出这个死循环，人们才不至于被虚伪和机巧带入深渊。

虚情假意只能赢得他人一时的好感，却不能长久，真正能够长久的唯有真心实意；耍小聪明、走捷径或许可以在短时间内风生水起，但也只能是昙花一现，唯有用看似最笨的方法、脚踏实地地走好每一步路，才能赢到最后。

> **大凡能用钱买下的，最好别计较得失，买下就是了，剩下的精力花在不能用钱买的地方不迟。**
>
> ——［日］村上春树

这句话让我想起另一句话："凡是用钱能解决的问题都不是问题。"我们绝对不是在宣扬金钱万能。不过，在很多时候，钱确实能帮助我们解决不少问题，尽管世界上的问题不是都能用钱解决的。

实际上，用钱可以搞定的事情往往没有那么复杂，而那些用钱也不能解决的问题，才是我们需要打点起百倍的精神去面对的。这就如同我们可以花钱买一本书，却无法花钱把书里的知识装到脑子里，必须自己用心地去学、用心地去体会一样。从这个角度讲，这句话实际上是在告诉我们：钱能买到的东西是有限的，真正重要的东西是钱买不到的，而用钱买不到的东西往往是更有意义的。所以，不要过于算计金钱，一味在金钱上斤斤计较的人也是难成大事的。

钱是我们生活中绕不开的话题，无论是三五好友闲聊，还是在演讲中，都可能会谈到钱，这时，我们可以引用这句话来定义金钱，阐述我们的金钱观，以感染听众，引发听众更深入的思考。

> 莫见乎隐，莫显乎微，故君子慎其独也。
>
> ——《礼记·中庸》

"慎独"这个词，我们经常听到。所谓慎独，指的是人在独处的时候也要谨慎不苟，严于律己。放到在现代职场，慎独对职场人的要求就是领导在与不在一个样。

一个人为什么要慎独？因为"莫见乎隐，莫显乎微"。什么意思？就是从最隐蔽、最细微的言行上最能看出一个人的品质。在人群当中或者在有人监督的情况下，高标准地要求自己，这或许不难做到；但是，离开人群，离开别人的监督，还能一如既往地高标准地要求自己，这就有难度了。所以，能够做到慎独的人，才是有一定境界的、值得信赖、可以委以重任的人。

这句话既是我们每个人加强自我修养的准则，也可以作为老总及团队领导者识人选人的参照。同时，我们还可以把这句话嵌入演讲之中，比如，一位食品公司的老总在产品发布会上说了这样一段话："有道是'莫见乎隐，莫显乎微，故君子慎其独也。'慎独、做良心产品，这是我们对自己的要求，更是我们对公众的承诺。"

> 一等人忠臣孝子，两件事读书耕田。
>
> ——纪晓岚

这副对联为清代大学士纪晓岚所写，对仗工整，意境高远。上联讲的是"忠"和"孝"，"孝"不用说，孝敬父母、孝敬长辈，从古至今都是一以贯之的。我们再看"忠"，古代讲忠君，现代讲忠于国家、忠于人民、忠于职守，虽然忠的外延有所变化，但其精神内核并没有变。

下联讲的是"读书"和"耕田"。读书是精神需求，耕田是生活需要；读书让人精神通达，耕田使人立足社会。置换到现代社会，读书是人的学习和成长，耕田是人的工作和事业。

这虽然是清人的对联，但对我们现代人同样具有指导意义，无论是加强自我修养，还是教育孩子，我们都可以以此为参照。家长对孩子（老师对学生）也可以这样说："清代大学士纪晓岚有一副对联：'一等人忠臣孝子，两件事读书耕田。'希望你成为懂忠孝、重情义、爱读书的孩子，长大以后能够立足社会，有所作为。"

肠不可冷，腹不可热。

——《颜氏家训》

原句为："墨翟之徒，世谓热腹，杨朱之侣，世谓冷肠。肠不可冷，腹不可热，当以仁义为节文尔。"

在这里，颜之推提到了两个人——墨翟和杨朱。墨翟即墨子，战国时期伟大的思想家。墨子主张兼爱，也就是对所有人都要无差别地对待，所以人们说墨子是热腹；杨朱是战国初期伟大的思想家，与墨子不同，他主张的是建立一个"人人不损一毫，人人不利天下"的社会，有非常重的利己主义色彩，所以世人说他冷肠。

在颜之推看来，无论是墨子的"热"，还是杨朱的"冷"，都太过偏激，因此都是不可取的。这一观点，对现代人的人际交往同样具有指导意义。在与人相处的过程中，我们要有自己的原则，对该"热"的人"热"，对该"冷"的人"冷"，这就是"肠不可热，腹不可冷"给我们带来的启示。除了加强自我修养，我们还可以把这句话嵌入以为人处世为主题的演讲中，以增强表达的思想性和感染力。

> 以舍为有，则不贪；以忙为乐，则不苦；以勤为富，则不贫；以忍为力，则不惧。
>
> ——弘一法师

当人们把舍弃当作拥有的时候，就不会贪婪；当人们把忙碌当成快乐的时候，就不会感到辛苦；当人们把勤劳当作财富的时候，就不会感到贫穷；当人们把隐忍作为内心支撑的时候，就不会再感到恐惧。

这句话是我们认识世界、加强自我修养的参照，我们可以以此为标准提升自己的精神境界，使我们对舍得、勤劳、隐忍等有更深入的理解，从而生活得更洒脱、更自由。同时，我们也可以把这句话镶嵌在演讲和沟通中，以提升表达的深刻性和感染力。比如，一位项目经理在周例会上说："……最近，为了冲业绩，大家一直在加班加点。更加难能可贵的是，大家非但没有任何抱怨，反而情绪非常高涨。这让我想起一句话：'以忙为乐，则不苦。'正因为我们以忙为乐，所以，我们才不会感觉到辛苦，这样的工作态度一定能够让我们实现目标，甚至创造奇迹！"

> 生活可以迷失方向,但不知道自己在哪儿可不行。
>
> ——阿加莎·克里斯蒂《东方快车谋杀案》

《东方快车谋杀案》是英国著名女侦探小说家阿加莎·克里斯蒂的代表作品之一,讲述了一个"集体复仇"的奇案,故事情节跌宕起伏、扣人心弦。

这句话讲的是人可以有暂时的迷惑、彷徨(生活可以迷失方向),但是,一定要对自己有清醒的认识(不知道自己在哪儿可不行)。方向迷失了我们可以再找,如果自我迷失了,那可就麻烦了。因为,一个迷失自我的人,是根本无法重新踏上正确的道路的。

在演讲和沟通中,我们可以引用这句话,启发人们对正确认识自我的思考。假如你是老师,那么对学生的毕业寄语就可以这样说:"同学们都喜欢看《东方快车谋杀案》,我也爱看。而且,我特别推崇里面的一句话:'生活可以迷失方向,但不知道自己在哪儿可不行。'希望同学们对自己要有清醒的认识,始终都知道自己在哪儿,这样,即使偶尔迷失了方向,也能迅速回归正途!"

> 掩盖的事，没有不露出来的；隐藏的事，没有不被人知道的。
>
> ——《新约·路加福音》

在现实生活中，总有一些人出于某种目的试图掩盖、隐藏一些事情，这句话告诉我们，世界上本没有秘密，就像站在阳光下就必定有阴影一样，事情既然做了，肯定会有蛛丝马迹可循，即便掩盖得再深、隐藏得再好，也终究会被人发觉。

退一万步讲，即使任何人都没有发觉，上帝也是一清二楚的，这就类似于咱们中国人讲的"举头三尺有神明"。掩盖和隐藏或许能避开世俗的目光，但是终究逃不开上帝的目光，逃不开冥冥之中的善恶有报，因果循环。

所以，一旦做了错事，首先要做的不是掩盖和隐藏，而是主动承认，勇于担责，并积极改正。对一个个体来说，这叫有担当；对一个企业来说，这叫有责任。在日常口语交际中，我们可以用这句话来告诫自己和他人做人做事要光明磊落，不要希望通过耍小聪明、玩笑伎俩去掩盖、隐藏，以致错上加错。另外，在以诚实、正直、责任感等为主题的演讲中，我们也可以引用这句话。

过自己想要的生活不是自私，要求别人按自己的意愿生活才是。

——［英］王尔德

在这个世界上，有很多问题是没有标准答案的，怎样生活就是其中之一。人的价值观不一样，追求不一样，境遇不一样，向往和选择的生活方式肯定也不一样。谁都无权去评判他人的生活，更无权要求别人按照自己喜欢和认可的方式生活。

有的人偏偏不这样想。他们有的热衷于对别人的生活说三道四、品头论足，最典型的莫过于逮什么就喷什么的"键盘侠"；有的则抱定必胜的信心，认为自己有能力改变他人，让他人按照自己认可的方式生活，比如，父母对子女的规训，妻子（丈夫）对另一半的改造，等等。不可否认，这里面有爱的因素，但是，强加于人何尝不是一种自私的表现呢？

所以，当我们的亲人、朋友以爱的名义要把我们拉进他们推崇的生活方式，而这种方式我们又不喜欢的时候，我们可以借这句话来表明自己的态度。另外，在涉及尊重他人的生活选择，不要把自己的意志强加于人等话题时，我们也可以以这句话为核心，围绕这句话展开论述，使我们的观点更加鲜明，语言更加有力。

> 这个世界自始至终只有两种人：一种是像我这样的人，一种是不像我这样的人。
>
> —— 王小波

王小波是一位特立独行的作家，他的思想、见解、言论自是与众不同的。乍一看，这句话颇有点自我的味道，以自己为标准，把大千世界的芸芸众生分成两队，这口气不可谓不大。

但仔细思之，这话说得又是那么有道理、那么绝妙。有道是："物以类聚，人以群分。"所谓像我这样的人，指的是那些有相同的价值观、兴趣以及爱好的人；所谓不像我这样的人，指的是那些根本不是一路，因此也不可能产生交集的人。

我们大家想一想，这句话表达的意思是不是像极了我们现在的一句流行语"圈子不同，不必强融"啊？只不过，这句话更厚重，更耐人寻味。在日常口语交际中，当我们要表达这样的意思时，除了可以引用这句流行语，更可以引用王小波这句像橄榄一样回味无穷的名言。

> 善似青松恶似花，看看眼前不如它。
> 有朝一日遭霜打，只见青松不见花。
>
> —— 刘伯温

宫斗剧虽然都是编的，但是，在我们周围，确实有宫斗剧中后妃们的原型，这些人靠欺下媚上、投机取巧、陷害他人，好处占尽，风光无限；而那些善良正直、诚实守信、本本分分的人却处处吃亏，默默无闻。但是，我们必须相信这只是一时而已。不管是在宫斗剧中，还是在现实生活中，"恶"都不会永远横行，"善"更不会永远沉寂。大浪淘沙，恶之花朵必被无情荡涤，善之青松定将永远苍翠。

由此，我们至少可以获得两点启示：一是要耐得住寂寞。就像我们做演讲培训，搞一些花架子，肯定要比踏踏实实地做更省心省力，见效也快，为什么我们没有那样做？因为我们笃信"有朝一日遭霜打，只见青松不见花"；二是要守得住底线。我们身边总会有一些人靠投机、靠钻营迅速成功，这无疑是一种巨大的诱惑。我们须得经得住这样的诱惑，守住自己的底线，不要看一时，要争永远。在演讲和沟通中，当我们想表达这样的意思时，可以引用这四句偈子来增强语言的表现力和穿透力。

若要有优美的嘴唇,要讲亲切的话。

——［英］奥黛丽·赫本

说起赫本,我们的第一反应是:美!赫本不仅天生丽质,而且具有与生俱来的善良和优雅。她晚年致力于慈善事业,她的一段话被广为传颂:"若要有优美的嘴唇,要讲亲切的话;若要有可爱的眼睛,要看到别人的长处;若要有苗条的身材,把你的食物分给饥饿的人;若要有美丽的头发,让孩子一天抚摸一次;若要有优雅的姿态,走路请记住行人不止你一个。"

这段话非常精彩地诠释了外在的美丽是由内在的善良而来的。一个人如果对别人和蔼亲切,随时随地替别人着想,同情弱者,帮助弱者,永远保持内心的纯真,自然会由内而外散发出一种夺人心魄的美丽。

我们生活在一个动不动就拿颜值说事的时代,靠化妆品涂抹出的娇艳、靠整容造出来的美女随处可见,这种肤浅、艳俗之美在赫本的善良、优雅之美面前,必定黯然失色。什么是真正的美?什么是我们应该追求的美?赫本给出了最漂亮的答案。在日常口语交际中,我们可以根据表达的需要,从赫本的这段话中截取一些短句,把它们镶嵌到我们的讲话之中,使语言更优美,更有韵味和意境。

把花种在地上，得一季芬芳；把花种在心上，得一世芬芳。

——佚名

这句话说的是芬芳，带给我们的也是清香扑鼻。在这个世界上，恐怕没有不爱花的人，种花养花更是很多人的爱好。但是，把种子撒入泥土，我们能收获的，也只不过是一季的芬芳，正所谓花无百日红。

能不能让芳香永驻呢？可以，就是在我们的心头撒上花种，这些花种有的叫善良，有的叫智慧，有的叫豁达，有的叫慈悲……当它们在我们的心间绽放的时候，那一缕缕芬芳将永远飘洒在我们的生命之中。

我特别喜欢这句话，喜欢它的清丽淡雅，更喜欢它借种花勾勒的唯美意境。其实，这句话又何尝不是一颗花种呢？把它种在心头，不仅可以芬芳人生，更可以滋养灵魂。

在日常口语交际中，我们可以引用这清新的句子，来表达人要加强自我修养，要把美好品格植入心田的意思，使语言更优美、更浪漫。

> 我梦想有一天,我的四个孩子将生活在一个不是以他们的肤色,而是以他们的品格优劣来评价他们的国度里。
>
> ——[美]马丁·路德·金

《我有一个梦想》是一个很著名的演讲,演讲主体内容以"我有一个梦想"开头的排比段串联起来,表达对黑人与白人有一天能平等相处的渴望,大气磅礴,金句妙言如珠落玉盘。

虽然我们不以"肤色"论英雄,但在现实中,权势、金钱、颜值等,和"肤色"一样,成为不该是评价标准的评价标准。有权就是英雄,有钱就是成功,颜值高就是偶像……这不能不说是现实世界的悲哀。所以,我们也需要马丁·路德·金式的呼吁,以品格优劣作为对人的评价标准,不是吗?

当然,在感慨的同时,我们也要留心学习一下"不是以……而是以……"的表达方式,在对比中彰显气势,增强语言的表现力。

> 有些鸟儿是注定不会被关在牢笼里的,它们的每一片羽毛都闪耀着自由的光辉。
>
> ——电影《肖申克的救赎》

　　作为一部好评如潮、上映多年仍为人津津乐道的影片,《肖申克的救赎》诠释了"对自由和灵魂的救赎"。故事发生在1947年,银行家安迪蒙冤入狱,将在监狱中度过惨淡余生。在这个高墙森森、既缺少希望更没有自由的地方,安迪和好友瑞德奋力扒开昏暗厚重的铁幕,让自由之光照进现实。最后,越狱成功的安迪和获得假释的瑞德在阳光明媚中再次握手。

　　现在,我们回过头去读这句话,特别是后半句"它们的每一片羽毛都闪耀着自由的光辉",是不是觉得很震撼啊?是的,高墙可以关住人的身体,但是高墙锁不住人的灵魂、希望,以及对自由的无限渴望与向往。

　　我们可以在演讲中直接引用这句话,也可以根据语境稍加改动,比如,我们想颂扬执着、坚毅的品格,就可以说:有些鸟儿是注定不会折翼的,它们的每一片羽毛都闪耀着倔强的光辉。

琵琶琴瑟八大王王王在上，魑魅魍魉四小鬼鬼鬼犯边。

——佚名

"魑魅魍魉"是一个成语，泛指妖魔鬼怪，现在用来指代各种各样的坏人。电视剧《西游记》（续集）片头曲《通天大道宽又阔》中就有"刚擒住了几个妖，又降住了几个魔，魑魅魍魉怎么他就这么多"的歌词。

这副对联把"魑魅魍魉"嵌了进去，这是什么意思？对联背后又有怎样的故事？1900年，八国联军攻占北京，慈禧太后和光绪皇帝仓皇出逃，留守的清朝官员卑躬屈膝地与洋人议和。

在议和会议上，侵略者傲慢不可一世，甚至有一个自诩为"中国通"的洋人还出了一个上联："琵琶琴瑟八大王王王在上。""琵琶琴瑟"是我国的乐器，这四个字每个字里都有两个"王"，合起来是"八大王"，"八大王王王在上"暗指八国联军把清廷踩在脚下，极尽羞辱。

正当洋人们明白了其中的意思而肆意狂笑的时候，中国代表团的一名工作人员朗声对道："魑魅魍魉四小鬼鬼鬼犯边。"他说八国联军分明就是妖魔鬼怪，给了侵略者一记重拳！一副对联，既增长知识，又彰显爱国情怀，大家记下来吧。

亦余心之所善兮，虽九死其犹未悔。

——屈原《离骚》

这是我心中所追求的东西，就是多次死亡也不后悔。善：向往，希望得到（的东西或品质）；虽：即使，纵然；九：泛指多次或多数；未悔：不懊丧，不后悔。

这句话震撼人心，其中最震撼的就是"九死"和"未悔"。人的抗挫折、抗击打能力是有限的。平庸的人可能一个浪头过来就被拍倒在沙滩上，再也缓不过气来了；意志坚强的人或许可以经受一次、两次、三次的挫折与磨难。

而屈原说的是，为了实现国家富强、万民幸福的目标，为了自己的抱负与操守，即使一次次被命运打倒，即使"九死"，他也绝不后悔，这是何等的气概，又是何等的执着啊！

当我们想表达坚持理想、为实现目标而奋斗到底、永不言弃的决心时，屈原的这句诗就是最淋漓尽致的表达，一定会为我们的语言增色不少。

封侯非我愿，但愿海波平。

——戚继光

戚继光是明朝著名爱国将领，他出身将门，从小立志做一名正直的文武全才的军人。当时，沿海地区常年受到倭寇的侵扰，戚继光非常痛恨倭寇的暴行，十六岁时写下了这句诗，意思是"做高官并不是我的愿望，我的愿望是祖国海疆的平静"。爱国报国、淡泊名利的情怀跃然纸上。

在演讲和沟通中，我们可以借这句诗抒发自己的志向，也可以根据实际语境和表达主旨稍加改动，灵活运用。

作者简介

文若河，著名演讲力训练专家，张嘴就来®演讲力训练机构创始人、首席讲师，北京大学、复旦大学、浙江大学、厦门大学等知名高校EMBA班、企业总裁班特邀演讲力训练讲师，著有《会说话，得天下》《竞聘演讲轻松过关》《我最想要的口才指导——提升口才必读的"五个一百"》等口才专著。

文若河长期致力于公众演讲的理论研究和培训实践，建树颇多。他还原了演讲的实用性本质，构建了中国本土式口才训练体系——"口才树"理论，总结提炼了实用演讲方法——"演讲一阳指"模板，并率先提出"演讲力"的概念以及"演讲力是职场人士核心竞争力"等重要论断，创设了职场人士以及企业总裁演讲力训练的经典课程，将演讲力训练引入科学、系统、实用的轨道。

文若河老师微信

文若河老师邮箱：wenruohe@126.com